新编辑实用入门手册

李海凌 编著

中央编译出版社
Central Compilation & Translation Press

序

编辑是一个实践性很强的职业。新编辑在入职后前三年是职业成长重要的积累期，如果您是科技出版领域的新编辑，这本书或许能帮助你更快进步。

2017年底，本书的作者来和我说，她想出一本书，请我写个序。然后把打印好的目录和部分内容拿给我，就是这本《新编辑实用入门手册》。她是一位北京大学的临床医学博士，在从事编辑工作第8个年头完成了第一本处女作，让我感到很惊喜。这本书基本是她在人民卫生出版社美国公司学习工作一年间业余时间完成的。在美期间她除了完成美国公司的工作，同时完成了编辑部交给她的审稿工作。虽远在美国不在我们身边，但她勤勉高效、积极进取的性格，让我不仅看到她的工作成绩，也不禁对她赞赏有加。没想到还写完了自己的一本书。

做编辑很辛苦。我在人民卫生出版社新编辑培训及编辑工作会议上讲课时，曾提到策划编辑的工作是"5+2，白+黑"，即除了每周五天的工作时间，周末、工作日的晚上也经常要加班，有时是加班审稿，有时是出差参加各种编写会、营销会和学术会议，或同作者商讨写书事宜。除了选题策划、审读书稿，我们也要深度参与到书籍整体设计中，还要处理繁杂的合同签订、清样审读、下厂调图、稿费落实、勘误汇总等十几项工作，此外，还需要做一些会务工作。出版业的发展日新月异，我们更要时刻关注行业最新进展。隔行如隔山，很多作者其实并不了解我们的工作，很多对出版社工作心存向往的年轻人也不知道做编辑实际上是个"苦差事"。

人民卫生出版社一直很重视新编辑的培养，新入职的编辑除了组织集中培训，还需要到总编辑办公室、各编辑中心、生产中心、市场营销中心等部门轮转，进入到编辑部门后，会安排具体的指导老师。但目前，市面上还没有一本相对系统、条理化介绍编辑日常工作的实用性手册，因此本书的出版有较高的实用价值。

本书的作者在人民卫生出版社工作的这段时间，承担了不少大型重点图书的出版工作，积累了丰富的经验，也通过这本书真实地展现了图书编辑的日常工作状态，也给这些看似繁琐、杂乱、无头绪的工作做了梳理。

本书第一章"新编辑寄语"里，介绍了作者很多从事编辑出版工作的感受，作为一个从事医学出版20年的资深编辑，我对其中的许多内容深有同感，很多新编辑可能初读的时候并不能完全理解，但工作一段时间以后，会比较有共鸣。

因此，我向各位年轻编辑推荐这本书，本书对新编辑入职后的培训，以及进入编辑行业前三年的工作，都有较大的指导意义，适合各位新编辑们阅读参考。

刘红霞　编审
人民卫生出版社五官编辑部主任
2018 年 2 月

前　言

写书这个想法，萌芽于我在人民卫生出版社美国公司培训的时候。美国公司的编辑给了我一本介绍编辑工作的英文书，里面由一篇一篇不同主题的小文章构成，从文字编辑到图书营销。当初阅读这本书的时候，主要的目的是学英语，熟悉熟悉常见的出版词汇，可读着读着就激起了我的表达欲望，其实我也有很多的经验值得分享，类似的书，或许我也写得出来。

这几年策划图书，接触了不少医学大家，帮助他们出版专著的同时，也从他们身上学到了不少东西。我的一个作者说过，写书表面上是给读者的，但某种意义上也是**给自己**的，可以逼迫自己花大量的时间去归纳总结工作中形成的不成体系的经验和思想，让它们升华为理论和系统性的经验，在繁杂的撰写过程中首先获益的其实是我们自己。所以，除了分享经验，我还想通过写书，记录自己的职业成长轨迹。其次，我想要**换位思考**，体验一下作为作者的感受，体会一下看待图书的不同视角，这可以帮助我在与作者接触和交流时有更多的同理心，也能提出更有说服力的建议。

写书另一个重要原因是，我想把这本书写**给我的作者们**。有很多专家对编辑这个职业不了解，他们觉得我们每天在办公室喝喝茶、聊聊天，等着他们把书稿送上门，而我们不需要做什么。我想通过这本书，让我的作者更了解编辑，了解我们工作的繁琐。同时，书中有些内容对他们编书也有一定的提示作用。

说完了写这本书的缘由，既然是前言，书的特点还是要介绍一下的：

1. 为了让这本书有更高的实用价值，我想从不一样的角度来梳理策划出版流程中的体会和经验。受我的作者们的启发，从我以往参与规划教材编写的经验中，学到以能力为导向设置章节内容，更注重能力的自我培养。我在编写时，将每一章对应了一个编辑需要的能力，我们的出版行业随着时代的发展和科技的进步，很多日常工作的具体方式会不断变化，但具备了相应的能力，可以以不变应万变。

2. 除了常规的选题策划内容，我将沟通、宣传和相关会务工作的内容也加以总结，给新编辑日常工作予以参考。

3. 从我的作者们那里得到的启示，作者沟通部分和相关法务问题部分，我采用了"情境"和"案例"的编写方式，以提高可读性和实用性。

4. 书末附出版常用基本英文词汇，是我在美国公司培训的时候总结的，希望能给想要阅读英文文章的新编辑一些帮助。

5. 数字出版、3D 出版、VR 以及出版相关的一些进展，我在书的最后几章也加以介绍，希望帮助新编辑们更快地了解行业的发展情况。

我要感谢在人民卫生出版社工作的这八年时间。在这里，我得到了很多领导和老编审们的指导和帮助，也只有在这样一个平台上，才能让我积累到这些经验，写出一本属于自己的书。

最后，我想对本书的读者说，书中介绍的内容，包括流程、表格，以及能力培养方式，都是笔者的经验总结，供新编辑们参考，工作经验和能力需要从实践中获得，没有什么能代替实践。以前听过一句话，"炉火纯青，是需要熬年头的"，也以此同各位读者共勉！

李海凌
2018 年 6 月

目 录

第一部分 导 言

第一章 新编辑寄语 ··· 3

第二章 相关部门及流程 ·· 10
 第一节 成长过程 ·· 10
 第二节 将要打交道的部门及流程 ································ 11
 第三节 出版流程简介 ·· 13

第二部分 具体工作及相关能力

第三章 相关人际交往——交往与沟通能力 ······················· 21
 第一节 沟通与协商 ·· 21
 第二节 作者培养 ·· 26

第三节　参加编写会及定稿会 ·················· 36

第四章　编辑加工——文字审读和书稿管理能力 ········ 39
第一节　编辑加工 ························· 39
第二节　书稿管理 ························· 46

第五章　选题策划——整合及创新能力 ············ 57
第一节　选题策划概述 ······················ 57
第二节　学术精品的策划 ···················· 60
第三节　规划教材的策划 ···················· 68
第四节　科普图书的策划 ···················· 72
第五节　数字产品及音像制品的策划 ············ 75
第六节　版权产品的策划 ···················· 77

第六章　田间管理与产品设计——细节处理能力 ······ 84
第一节　田间管理 ························· 84
第二节　产品设计 ························· 87

第七章　会务工作——接待协调能力 ·············· 90

第八章　图书的宣传推广——全程营销能力 ········ 97
第一节　新书发布会 ······················· 97
第二节　配合相关学术活动 ················· 103

第三节　微信及自媒体 ·· 104

第三部分　新技术及新进展

第九章　数字化与3D出版——学习创新能力 ················ 109
　第一节　数字出版 ·· 109
　第二节　3D出版 ··· 113
　第三节　3D精品学术专著数字化转化 ·························· 120
　第四节　3D数字化产品设计过程中需要考虑的
　　　　　问题 ·· 126

第十章　新技术与新进展——与时俱进的能力 ············ 130
　第一节　数据资源的应用 ··· 130
　第二节　开放获取 ·· 140
　第三节　新型服务模式 ··· 145
　第四节　虚拟现实技术的应用 ···································· 148

第四部分　法务相关

第十一章　法务相关案例 ·· 153

附　录　出版相关词汇整理 ··· 160
索　引 ··· 162
后　记 ··· 165

第一部分
导 言

"编辑"是一个什么样的工作？有人说是"为他人作嫁衣裳"，编辑要"甘于寂寞"。

有人想象：编辑就是经常坐在办公室里，喝喝茶、做做文字处理，偶尔和作者吃几顿饭。

但，图书编辑这个行业其实远没有这么简单！

第一章　新编辑寄语

"编辑"是一个什么样的工作？我们在入行前可能听到过不同的描述和定义。例如，有人说编辑是"为他人作嫁衣裳"，编辑要"甘于寂寞"。我们在入行之前可能会想象，编辑就是经常坐在办公室里做文字处理，偶尔和作者吃几顿饭，但图书编辑这个行业其实远没有这么简单。我们需要各种能力，文字加工能力、对琐碎事务的管理能力、会务工作能力等，对于专业编辑来说，具备相应的专业知识也是一项重要能力。

笔者在人民卫生出版社美国公司培训的时候，那里的编辑曾经给我看过一本介绍编辑工作的书，其中有一篇文章《致即将成为编辑的人的一封公开信》，里面介绍了作者多年工作后对编辑行业的感悟和经验，笔者也将类似的内容作为本书开篇，将自己的一些感悟梳理总结，希望能给年轻的同行们一些启示作用。

作为新入行的编辑，下面的这些内容可能不能完全理解，如果不理解，您不妨先跳过，等到读完这本书，或者有了一定的工作经验，再回过头来看，会更能理解其中的意义。

1. 挑战

编辑的工作将会面临很大的挑战，如果你决定进入这个行当，请做好充分的思想准备迎接挑战。

2. 编辑与出版人

有人问你从事什么职业时，很多人会回答"编辑"，但我喜欢说自己是"做出版的"。"编辑"和"出版人"的区别是什么？笔者认为，编辑是针对作品的，出版人的概念更宽泛，出版人给自己的定位不只是面对作品，还要面对整个出版行业的发展、相关学科的专业发展，因而愿意主动承担更多的工作。一个好的编辑必须要考虑、计划、决定他是否要成为一个"出版人"，同时一个"出版人"需要是个好编辑。

3. 不完整

编辑的工作开始时通常不是面对一个完整的作品，大部分情况下只有作者的一个想法，如果你够幸运，可能先看到其中一两个章节，大部分时候一个字都看不到。如果你是一个足够专业的学术编辑，你需要参与到作者整个的创作过程中。

4. 色觉

如果你决定从事编辑行业，希望您的色觉没有问题，不能是色盲，必须能区分各种颜色，因为编辑的日常工作很大一部分是考虑封面设计、版式设计、配色方案。科技编辑经常需要审读专业图稿，判断图片颜色是否正常。有时候，需要和作者一起到排版公司或印刷厂调整图片颜色。因此，正常的辨色能力至关重要。

5．判断

对于一个作品仅评价"喜欢"或"不喜欢"是不够的，需要用更通俗、更直接的语言说明你对稿件的感受。例如，这本书很实用，这本书很前沿，这本书的写法很新颖，这本书充满了人文关怀……

6．评价

不要轻易下结论。例如，尽量不要对一个稿件评价为"它是……"，尽量说"它可能……"。

7．做什么书

不要考虑平衡各个领域的图书数量，或将图书分类，给每类图书分配均衡的时间和精力；而要考虑什么书好，现在最需要做什么书，把主要经历投入在这些图书的出版工作中。

8．选题

对于一个有创造性的编辑来说，最有趣的事就是发现读者新的阅读需求，并找到最好的作者去完成它们。

9．无奈

编辑有时候很无奈，甚至不得不说"这本书不仅选题不好，写得也很烂"。

10．耐心

对作者要有足够的耐心，不要催得太紧，以免你的作者对你的书应付了事。

11．略读

作为编辑，不能只看文字的内容，要关注很多编辑方面的问题，因此要学会略读，有时一目十行。当您拿到一个初稿时，只需要泛读，快速了解图书内容，判断书稿内容是否符合出版要求，有哪些初步的修改意见。但略读不代表不仔细读，有经验的编辑会通过略读发现问题。有效率地略读，对于编辑，尤其是策划编辑，也是一项重要基本功。

12．笔记

要学会用笔阅读，不是记笔记，而是随时记录改进的建议和观点。即使数字阅读发展到现在这个阶段，编辑仍然离不开纸稿。

13．随时记录

学会将对一本书的印象总结成一到两句话，并记录到随身携带的东西如手机上，这些在今后可能成为你在单位做报告、给出版商汇报，或者给作者培训时的重要内容。

14．错误

不要过分担心犯一些小错误，例如一般错别字、标点错误等，出版本身就是一个会犯错的行业，尽最大的可能避免小错误，但不要过分地纠结在小错误中。但重大错误，例如政治性、科学性错误是一定要避免的。

15．不要跟风

永远不要复制，不要试图跟着目前的畅销书，再另做一本。我们要试图策划全新的选题，去开启一个潮流，而不是跟风。

16．长远考虑

一定要重视一个作者的发展潜力，以及远期效益，他比眼前的利益更重要。

17．预期

如果你想做一本书，明确你的预期回报和成本，比如预期发行量、利润等。成本也不仅包括经济上的成本，还有时间成本，比如有一个很好的选题，作者很权威，但他提交的书稿内容很乱、目录层次不清晰，需要你来做大量的书稿整理工作。

18．专家

编辑要能发现专业性错误，做专家的专家。

19．最好优于第一个

如果你知道了另一个出版人出版了同样题材的作品，不用觉得紧张，做最好的比做第一个要重要。

20．冷静对待建议

要吸取销售和其他同事的建议，但是不要被他们的建议束缚住手脚，你永远是最了解自己选题的人。

21．读者大众

不要过分相信所谓的"读者大众"的意见，要多方面地调研，并且学会利用各种方法和途径进行与选题相关的分析。

22．赢得作者信任

要学会在图书出版前、出版中和出版后的各个阶段，赢得作者的信任。让作者同我们合作一本书后，再也不想找其他编辑合作，是我们的目标。

23．向自己提问

作为一个编辑，问自己：如果还有其他公司出版类似图书，你还会买这本书吗？你愿意为这本书掏钱吗？你愿意把它放到你家藏书柜里吗？

24．请记住

你一定要时刻记得你在和一群最有创造性的人一起工作，编辑不只丰富人生，更在自我教育。

25．销售

我们需要有一定的销售知识，要明白书会进入哪个细分市场；我们不能仅仅是帮助作者完成作品，还要让书被更广泛的人关注到。

26．喜好

编辑不能只出版自己喜欢的、感兴趣的领域的书，或自己认为很重要的、应该被出版的书。而应该出有效益（当然，包含社会效益和经济效益）的书，读者需要的书。

27．个性化

每一本书都要被个性化对待，一本书的出版不是终点，还有不少值得延伸的工作，例如从一本畅销书延伸到出版一个系列，或者从纸质图书扩展到全媒体产品。

28．信心

出版是一个竞争激烈的行业，我们要对自己的书有信心，这一本很好，下一本会更棒。

29．收获

编辑不是一个容易有很多收入或者让你成名的职业，但你出版的书会影响你的读者。有时候甚至可以改变一个年轻人的命运。

30．两个关键点

有两个使书稿结构更清晰的关键点：指示性的句子和标题。

31．目标明确

没有一本书会引起所有人的兴趣，编辑需要帮助作者明确书的目标读者，并用相应的语气与文风写作。

32．文件夹

给每一本书建一个文件夹，便于查找和管理。

33．可交付

我把这个建议放在最后，因为它真的很重要。前文提到了，编辑是一门存在遗憾的行业，没有一本书是完美无缺的，即使多给一天时间，都能将图书质量再提高一点点。因此，以可交付的状态，按时地将书稿出版，是极其重要的，尤其是有一些特殊的时间节点时，比如教材需要在开学前出版；有些重要的学术专著需要在某个重要会议上举办发布会；某些科普图书需要在某个特定时间举行宣传活动等。判断书稿是否可交付，在图书出版的各个环节，判断并预测图书是否能以可交付的质量出版，是编辑的一个重要能力。

第二章 相关部门及流程

第一节 成长过程

作为一名专业编辑,可能会经历如下成长过程,每个阶段之间可能没有明显的分界,了解这几个阶段会对今后的工作有些帮助:

1. 加工编辑阶段

各出版社会有不同的机构设置,有的出版社会有专门的编辑加工部门,统一处理出版社的书稿,同时可以培训新编辑。不论是否有单独的加工部门,笔者建议,新编辑最好可以有一段时间专心做稿件的编辑加工,这个时间段可根据具体情况而定。

加工编辑阶段是基础,审稿无论在什么时候都是编辑的基本技能。另外,在审稿阶段,会有联系作者修改书稿、寄送清样等环节,使我们积累作者资源,这是和作者建立联系的最初阶段。

笔者的不少作者，都是在这一阶段建立的联系，这一阶段也可以发现一些潜在的作者，他们此时可能只是作者的助手或秘书，等编辑可以独立策划选题时，助手和秘书们也成长为了作者。

2. 策加一体阶段（以加工为主）

这一阶段仍然以书稿加工和稿件管理为主，同时协助资深编辑管理一些图书选题。

这一阶段会继续积累作者，同时也是建立选题思路的起始阶段。

3. 策划为主阶段

这一阶段对选题策划有了更深入的体会，笔者的感觉是，有一个时间段会突然"开窍"，开始独立承担项目、主动策划，也有了明确的图书体系规划意识。

第二节　将要打交道的部门及流程

作为新编辑，您将要和以下这些人和部门打交道：

1. 作者

图书的作者是我们最常打交道的人，提出选题后我们要寻找合适的作者。确定作者后我们需要随时和作者联系，了解书稿的进度，了解作者遇到的困难等。书稿交稿后，在审读过程中会发现问题，需要联系作者确认、修改。

2. 助手

助手协助作者做了大量工作，包括稿件整理、初步的文字校对等，同时，助手也有可能是潜在的新作者。

3. 总编辑办公室（总编室）

图书出版流程中，合同的制作和签订、书稿发稿、做会议通知等工作都需要通过总编室。总编室会接受读者反馈，并转达给图书的责任编辑。编辑在工作中如果有不确定的问题，需要咨询总编室。在需要申报基金、奖项时，需要统一提交给总编室。当遇到有些疑难问题时，最好先同总编室沟通。

4. 版式和设计

图书排版、封面设计是图书出版的重要组成部分，可以使图书的效果得以升华，同时带给读者更舒适的阅读体验。我们在工作中要和版式设计人员、封面设计师保持良好的协作关系。

5. 校对

图书校对是帮助我们把关书中文字质量的重要环节，可以帮我们消灭大量的低级错误。

6. 销售

任何图书都要推向市场。编辑是最了解图书特点的人，经常需要和销售共同营销。专职的销售人员更偏重发行渠道发掘，而编辑则偏重将学术活动和营销相结合，我们做的是学术营销。

7. 财务

我们除了需要财务结算编辑加工费、作者稿酬外，会务工作相关费用的结算、差旅费报销等也需要通过出版社财务。

8. 会务公司

前文提到，编辑要参与到营销中去，很多图书需要举办图书发布会，另外图书的启动会、编写会、定稿会等也需要和会务公司合作。

第三节　出版流程简介

出版的大致流程和编辑需要做的主要工作总结在图 2-1 中，各出版社在具体细节上会有所不同，但大体流程不会相差太多，可以供新编辑们参考。

(1) 前期调研
- ◆ 书店调研
- ◆ 读者调研
- ◆ 专家咨询
- ◆ 其他调研途径

(2) 内容设计及选题论证
- ◆ 读者定位
- ◆ 主编选择
- ◆ 篇幅（字数、图数）
- ◆ 形式（开本、装订方式等）
- ◆ 选题论证或召开选题会议（选题意义、预期效果等）

图 2-1　图书选题策划到出版的大致流程

```
(3) 图书编写  ──▶  ◆ 相关流程、编写会及定稿会的准备及会议内容见
                    表 2-1
        │
        ▼
(4) 产品外观  ──▶  ◆ 确定开本、用纸、装订形式、印刷方式等
    设计
        │
        ▼
(5) 内容审稿、──▶  ◆ 文字编辑
    发稿            ◆ 稿件管理
                    ◆ 退作者修改
                    ◆ 整理后发工厂排版
        │
        ▼
(6) 清样审读、──▶  ◆ 审读文字和图片
    付型            ◆ 核红
                    ◆ 付型
        │
        ▼
```

图 2-1 图书选题策划到出版的大致流程（续一）

第二章 相关部门及流程

```
(7) 样书质检  →  ◆ 印张是否齐全
                ◆ 印刷质量（颜色是否有偏色，套色是否准确等）
                ◆ 封面及书心重要内容检查
                ◆ 有特殊工艺时需确认

         ↓

(8) 出版     →  ◆ 成品面世

         ↓

(9) 营销方案 →  ◆ 同市场营销中心开会讨论
                ◆ 充分调动作者的宣传热情

         ↓

(10) 搜集反馈 → ◆ 读者反馈
                ◆ 作者反馈

         ↓

(11) 修订或产 → ◆ 根据使用反馈，确定修订计划
     品升级      ◆ 是否做数字化或其他升级产品
```

图 2-1　图书选题策划到出版的大致流程（续二）

编写会和定稿会也是策划编辑的重要工作内容,笔者将图书编写过程及相关编写会和定稿会的会议内容总结在表 2-1 中。

表 2-1 图书编写过程及相关会议内容

项目任务	时间要求	具体说明
签订合同	作者交稿前	
召开编写会议	2016 年 12 月 31 日前	(一) 会前准备 1. 根据主编人会议精神,修改目录及样章,并提交出版社审读。 2. 将编委名单提交到出版社审定。 3. 主编将审定后的目录和样章及初步的编写任务安排给各编委。 4. 每位编委根据样章,各自完成一个章节的内容,发主编及出版社审读。 (二) 开会内容 1. 主编传达主编人会议精神。 2. 进一步讨论修改目录。 3. 每位编委各自汇报自己的样章,参会人员讨论并提出修改意见。 4. 根据讨论内容调整目录及任务安排。 5. 根据讨论情况确定交叉互审完成时间及定稿会具体时间、地点。
初稿交叉互审	2017 年 2 月 20 日前	编委需完成所有内容的编写(包括图及文字),专业或内容相近的两位编委,互相审读稿件,同时提出修改意见,编委根据交叉互审意见对稿件进行初步修改。

（续表）

项目任务	时间要求	具体说明
召开定稿会议	2017年2月28日前	（一）会前准备 1．根据编写会的讨论意见，各自修改样章，并提交主编审读。 2．主编审读后，编委开始各自的编写，在定稿会前，要完成所有章节编写。 （二）开会内容 1．逐个章节审读稿件内容，包括内容是否有科学性问题，图片是否符合要求，篇幅是否合适等。 2．如有需要，安排第二次交叉互审。 3．根据定稿会审读稿件的情况，确定交稿时间（编委交给主编的时间，以及编写秘书整理稿件后，交给出版社的时间）。
交稿	2017年3月底前	稿件收齐，编写秘书整理稿件后，符合出版社"齐、清、定"的要求，方可交稿。
出版	2017年8月	出版社经过三审、三校、排版、清样审读等十余个步骤后，正式出版，大约需4~6个月时间。

第二部分
具体工作及相关能力

编辑不是作者,我们不能为书增添什么内容,我们只能根据作者提供的书稿进行加工、修改、整理。

文字编辑阅读的目的不是为了赏心悦目,而是要训练自己用挑剔的眼光、带着疑问去阅读。

要学会管理大型书稿,这是一个痛并快乐的过程,通过大型书稿的管理,能培养编辑田间管理和与作者沟通的能力,同时也会积累图书策划的作者资源。

以下几点建议供新编辑们参考:

(1)图书的定位要明确。

(2)建议在全书尽量靠前的章节清晰并有力地说明观点。

(3)介绍和结论性的段落最好从语气和力度上一致,使观点更清晰。

(4)将最简单、技术应用最普遍的章节放在最前面。

(5)不要忽视小标题的作用。不仅有利于读者阅读,也有利于作者在编写过程中理清思路。

(6)书名很重要。

第三章 相关人际交往——交往与沟通能力

第一节 沟通与协商

一、编辑与作者的关系

出版学术专著需要编辑和专家（作者）的良好关系和共同的努力。作者和编辑之间信任的逐渐增长是需要时间的，有时可能是在闲谈，书并不是谈话的主题。作者和编辑之间的关系是在谈话中慢慢建立的。

作者的水平参差不齐，为了能使一本书达到最好的效果，需要编辑对相关领域有较深入的知识，这样的编辑能够成为一个资深的、经验丰富的读者，不仅能对图书内容提出专业性意见，还可以增加作者和编辑之间的共同语言。一个知识储备丰富的编辑可以帮助作者避免一些图书出版后的负面评论，从而使书更有说服力、更站得住脚。

如果要编写学术专著，编辑需要让作者了解到自己的专业知识储备，因为大多数人会更信任和自己知识储备相当的人，至少不能相差太多，如果一个编辑对相关领域的知识不了解，那他（她）在审稿的时候就会忽略某些专业内容上的不妥之处，无法提出专业意见。

假设要出版科普类图书，读者是大众或学生，编辑反而不宜表现出太多专业背景，作为一个外行人和作者沟通，可以让专家意识到哪些内容需要进一步解释，这样可以让作者把书写得更通俗易懂。

二、沟通过程

（一）沟通的相关建议

关于编辑和作者的沟通过程，笔者总结了以下几条建议，供新编辑们参考：

1. 协商的任意一方都有权提出要求，当然另一方有权利拒绝。因此对于作者的要求，我们不一定有求必应。

2. 不要去设定一个结果，任何问题只要没有谈妥并签署协议，双方都可以对其有完全不同的解读。

3. 尽量用"是否""××会更好"这样的表述；使用开放性的词句；给出明确的建议。

4. 对作者的短信、邮件、电话，可以等到组织好语言后晚些回复，但不要不回复。

5. 尽量不要给予否定回答，比如不要说"我不知道"，建议说"我去核实一下";不要说"这个做不到",建议说"我们尽量""可以试一试"。

6. 不要说会让作者不安心的话。比如作者问,在某个时间点以前我能拿到书?不要回答"不好说",最好回答"时间差不多,在不影响出书质量的前提下,我们尽量往前赶。"如果时间上无法实现,也要明确告知作者。

7. 你是书的第一个读者,你的反应可以代表读者的反应,所以要增强自己像读者一样阅读的能力。如果你觉得一本书不好懂,其他读者也会。所以要用礼貌的、带有编辑礼仪的表述方式,让作者知道你的看法。

(二) 编辑在沟通后需要达成的目标

1. 尽可能维护作者的利益,同时在满足作者的合理要求的前提下为出版方争取更多权益;

2. 形成一个使出版社、作者及代理机构能够有效规范运作的模式。

(三) 沟通的不同方式

面对新作者,或者信心不足的作者时:沟通方式要相对柔和,主要原则是让对方安心,即不要让他们觉得自己处于劣势,或被贬低。站在对方的角度考虑问题,即使要拒绝,或提出意见,也要在表示充分理解和鼓励之后。

针对重要问题时,需要强硬些:在重要图书或教材的策划过程中,同主编沟通时,需要相对强硬些,因为有些原则是不能更改的。

很重要,并且容易被忽略的一点:**把讨论的内容记录下来**。

以下通过三个典型的实例,对相关沟通情境做简要的介绍。

情境1 作者投稿

案例情况:笔者在某个学术会议上遇见了一位专家,一直从事相关专业教学,是教学负责人,但从未写过书。他得知我是出版社的编辑,而且对相关专业的图书出版有兴趣后,很开心,跟我讲了他的出书计划,并临时在一张白纸上写了几点他初步设想的提纲。

了解他的想法后,我觉得这个题目很值得出版,我应该积极配合并给予帮助,先根据他的现有想法梳理出几个大标题,再对正文的编写提出了几点建议,例如增加示意图,要点要提纲挈领等,并留好联系方式,有问题随时沟通。

提示:遇到编书经验少的作者,要充分了解他的编写想法,不要因为想法不成熟而表现出对作者的信心不足,或兴趣不大。充分建立作者的信心后,要积极参与对图书大纲和样稿编写的讨论,并提出自己的建议和意见。

情境2 主动策划,作者配合度较高

案例情况:笔者有意策划一本实用图谱类专著,在与一本教材的编委沟通其他事宜的时候提起了这个想法,结果不

谋而合，这位编委对这个选题很有兴趣。于是在后续的书稿管理过程中，我草拟了大致的目录和样稿结构，发给这位作者，他补充内容后再发回给我，我再提出我的建议和要求。多次沟通后，终于确定了书名、目录和样稿格式，开始正式编写。

后续的编写过程中遇到图片搜集较慢，作者外出学习等情况，从选题确立到最终交稿，历时三年，期间笔者定期询问，但并未催促得很急，因为前文提到，催促的过急容易导致作者对书稿应付了事。三年后交稿，并顺利出版，图书面世后收到了读者的良好反馈。

提示：主动策划的图书要有具体的要求，编辑的意见要明确。尽量避免催稿，以免影响交稿质量。

情境3 主动策划，作者按照编辑的要求完成有困难

案例情况：一本教材的策划，遴选的主编提交的目录过于理论化，编辑根据评审专家的意见，对目录进行了修改，对条理和逻辑进行了重新梳理。但主编认为照此编写有困难，因此迟迟交不上样章。

在经过部门讨论和专家咨询后，笔者也对自己的要求进行了调整，在作者原始样稿和目录的基础上进行了微调，将目录的框架进行了归类，基本不改变作者原有结构，本教材顺利出版。

提示：如果作者按照编辑的要求和大纲完成编写有困难，

在没有明显原则问题的前提下,尽可能尊重作者的意见,因为我们很难把自己的想法强加在别人身上,过于强制的要求,有可能导致书稿无法交稿。

第二节 作者培养

作为编辑,需要有相当一部分时间用在作者培养上,培养新作者是必不可少的工作,笔者总结的作者培养的主要内容有:

1. 图书编写的相关知识,比如图书结构、目录样章的写法、相关名词、图片格式等,如情境1、情境4。

2. 相关的出版概念,比如纸张、开本、装订形式的概念等,如情境2。

3. 著作权相关问题,详见"第十章法务相关案例"。

4. 出版周期和出版进度,如情境3。

情境1 图书编写建议

问题

同某位专家聊天,作者有丰富的手术经验,也积累了相当多的图片和病例资料,有意将这些手术经验编写成书。但因为市面上手术类图书多为"手术学",篇幅长,且大多为医学大家编写,这位专家不知道除了手术学,手术类图书还能如何编写。

答复

笔者将手术类图书的编写做了大致归类和总结，介绍给作者：

一、手术类图书编写概述

1．根据图书读者定位不同，大致可分为以下几类

（1）简明、便携、可随时查阅，主要供住院医师阅读。

（2）实用技术类，主要供高年住院医师、主治医师、专科医师阅读。

（3）较全面的手术专著，读者对象更为广泛。

2．书名关键词

（1）手册：大致对应上面简明、便携、可随时查阅，主要供住院医师阅读的书。

（2）实用：大致对应上面实用技术类，主要供高年住院医师、主治医师、专科医师阅读的书。

（3）学：大致对应上面较全面的手术专著，读者对象更为广泛的书。

3．篇幅（开本）

（1）长32开

（2）小16开、16开

（3）大16开

4．主要图片类型

（1）黑白线条图

（2）彩色绘图

（3）照片图

（4）手术视频截图

二、各类手术图谱编写建议

1. 手册类

（1）手术步骤尽量以条目形式出现

（2）挑选常见病及常见术式

（3）尽量选广泛使用的手术方法

（4）个人的特色创新可弱化

（5）图片挑最典型、最经典的

2. 实用类

（1）顾名思义，要实用。除了内容实用，携带也要相对方便。

（2）开本不宜过大，小16开，或者16开，因此篇幅不宜过长，版面三四十万字即可。（例如，纯文字10万~20万，配200幅左右图片，每幅图约占400字篇幅）

（3）手术的历史发展、原理等简写。

（4）依然选常见病及常见术式，但要有简明扼要的叙述。

（5）图片依然挑最典型、最经典的，可丰富一些。

3. 技巧类

（1）尽量加入自己的手术理解，自己的小心得、小技巧

（2）开本可根据篇幅选择，16开，大16开

（3）尽量写详细

（4）形式可以更创新些

（5）图片尽量丰富，"技巧"类最好是"图解"

（6）历史及原理建议简写或不写

4. "学"类

（1）可以写历史及原理等

（2）尽可能全面

(3) 尽量同时有绘制的示意图和照片图

(4) 文字叙述详细一些

(5) 篇幅多在 100 万字以上

(6) 开本通常是大 16 开

沟通建议

从作者的角度提建议，尽量条目化，避免大量的枯燥叙述，如果有几本已出版的图书做实例更好。

情境 2　图书设计

问题

作者交稿后，询问编辑书做多大。因为作者和编辑不在同一城市，面谈不方便。

答复

笔者将科技图书常用开本及装订形式，每一种找一本样书，做成如下图片（图 3-1 至图 3-4），向作者说明。

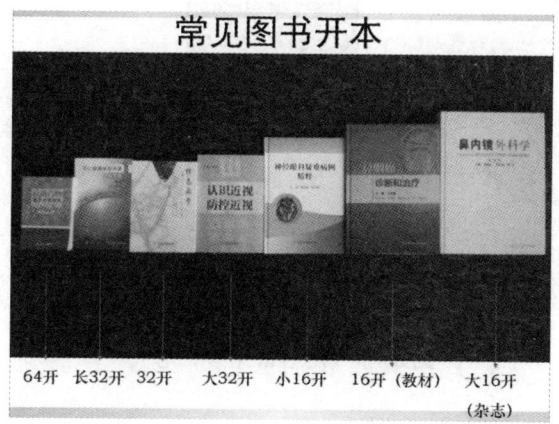

图 3-1　科技图书常用开本

图 3-2　科技图书几个常用的特殊开本

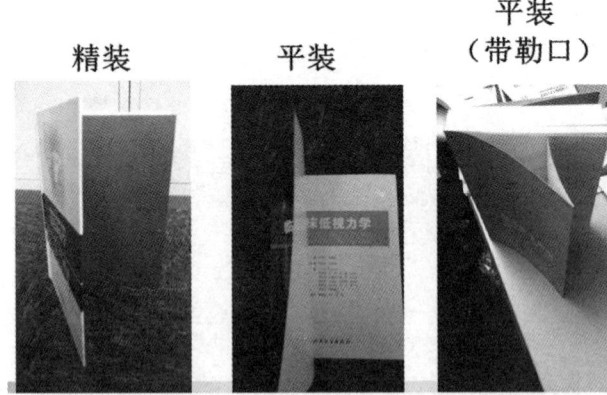

图 3-3　图书常见装订形式

第三章 相关人际交往——交往与沟通能力

图 3-4　图书常用的特殊装订形式

沟通建议

尽量用实物举例，如果能面谈更好。有时通过电话或短信、微信等沟通图书开本、装订等问题，有可能会有理解偏差。

情境 3　急件

问题

某主编交稿时，问编辑，下个月我有一个培训班，书能出版么？

答复

作者通常对出版环节不了解，有时会误认为出版社只需要将他写好的书稿直接打印装订。

笔者将出版流程做成如下图片（图 3-5），向作者说明，出版流程很复杂，每一步都关系到质量控制，不能过分压缩出版周期。

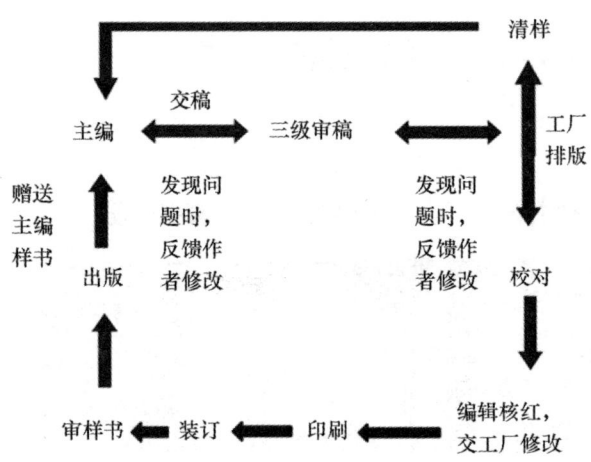

图 3-5　图书出版大致流程介绍

沟通建议

要取得作者充分的信任和理解，我们不是不肯加快出版周期，而是为了作者的出书质量，有些环节不能省略，过紧的出版周期会导致图书达不到"可交付"的标准。有时不当的沟通会导致作者放弃在你这里出书，而转投其他出版社，沟通时请注意。

情境 4　要求图片的格式是 .jpg 或 .tiff
问题

作者交稿时，提供的图片不是 .jpg 或 tiff 格式，并且说，有人告诉他，另外一种格式的图片更漂亮，效果更好。或者提供的 jpg 图片达不到 300DPI。

答复

1. 为什么一定要 jpg 或 tiff 格式的图片？

答：因为 tiff 格式是印刷格式，.jpg 格式是 .tiff 的压缩格式，这两种格式的图片，在经过电脑上的调色后，和印刷后的颜色效果差异最小。

电脑成像是光成像，是通过将红色（Red）、绿色（Green）、蓝色（Blue）的光混合而形成彩色图像，即 RGB 色彩模式（光三原色首字母的缩写）。这种色彩混合方法适用于电脑显示器和电子阅读器。

当需要将图片印刷时，要采用 CMYK 色彩模式。这种色彩模式是将青（Cyan）、品（Magenta）、黄（Yellow）、黑（Black）色的墨逐层印刷而成。

正因原理不同，RGB 模式下，有些在显示器上看起来明亮而鲜艳的颜色，在印刷中是显示不出来的，如果忽略了这一点，有可能你的设计在电脑上看起来很漂亮，但印刷出来就很暗。

2. 什么是 300 DPI？

对于 CMYK 模式，另一个影响像素的因素叫 DPI（点每英寸）或 PPI（线每英寸），二者讲的是同一个意思。

印刷和电脑显示不同，电脑显示需要 72 线 × 72 线，来显示 1 英寸 × 1 英寸的图像（72 DPI），但印刷需要每英寸至少 300 线来显示同样大小、同样质量的图像。

虽然电脑上的图像看起来很大很清晰，但印刷出来要大大缩小，来达到同样的清晰度。

具体有关图片色彩模式的说明可见如下网站，下附相关文字翻译：

http://99designs.com/designer-blog/2012/02/21/correct-file-formats-rgb-and-cmyk/

沟通建议

让作者理解，我们提的这些要求是为了提高图书质量。充分地取得理解和信任后，作者会很积极地配合工作。

附

改变图片模式：RGB 和 CMYK

如果您开始从事设计工作，其中一件容易混淆的事情，就是 RGB 和 CMYK 两种色彩模式。对这两种模式有一个初步了解有助于我们的工作。

理解并使用 RGB 色彩模式

RGB 色彩模式指的是通过将红色（Red）、绿色（Green）、蓝色（Blue）的光混合而形成彩色图像，即光三原色首字母的缩写。这种色彩混合方法适用于所有的电脑显示器和电子阅读器。

我们的电脑显示器以及各种电子阅读器，都是通过无数的红绿蓝的色点混合而成的色彩。

（示意图可从网站查阅）

注意在生成最终文件时，选择 RGB 色彩模式。适合用 RGB 色彩模式的图像包括：

1. 用户界面
2. 网站

3．网页标语

4．图标

5．其他用于电子阅读的文件

（具体操作方法图片可从网站查阅）

TIFF、EPS、PDF、BMP格式的文件，不用转存成RGB模式，因为它们的原理不同。

CMYK 印刷

当需要将图片印刷时，要采用CMYK色彩模式。

（示意图可从网站查阅）

这种色彩模式是将青（Cyan）、品（Magenta）、黄（Yellow）、黑（Black）色的墨逐层印刷而成。

RGB和CMYK的模式区别很大，例如，RGB模式下如果想使颜色更亮，就增加各色光；而CMYK模式下，增加各色的墨反而是颜色发黑。RGB模式下，白色由各色光按比例混合（红225，绿225，蓝225），而CMYK的白色就是所有颜色的墨都不用。

正因原理不同，RGB模式下，有些在显示器上看起来明亮而鲜艳的颜色，在印刷中是显示不出来的，如果忽略了这一点，有可能你的设计在电脑上看起来很棒，但印刷出来就很昏暗。

（示意图可从网站上查阅。）

什么是300 DPI？

对于CMYK模式，另一个影响像素的因素叫DPI（点每英寸）或PPI（线每英寸），二者讲的是同一个意思。

印刷和电脑显示不同，电脑显示需要72线×72线，来显示1英寸×1英寸的图像（72 DPI），但印刷需要每英寸至少300线来显示同样大小、同样质量的图像。

网站上的图片左侧为电脑显示尺寸，右侧为印刷尺寸。虽然电脑上的图像看起来很大很清晰，但印刷出来要大大缩小，来达到同样的清晰度。

这也是为什么在 Photoshop 里生成一个 10 英寸 × 10 英寸的 300 DPI 的文件，会产生一个长宽分别有 3000 条线的文件——在屏幕上看非常大，但印出来只有 10 英寸 × 10 英寸。

所以需要记住，在制作图片之初，就要建一个线数足够多的文件。

如果你想看你生成的图片的印刷效果，就放到单位线数 300 来看，比如，一个 1280 × 1024 线的照片，最好印成 4.26 英寸 × 3.42 英寸，印成更大尺寸会导致不清晰。

注意一点：上述 DPI 仅指传统 Photoshop 生成的位图，AI（Illustrator）和 Correldraw 生成的矢量图在任何尺寸都有良好的印刷质量。

第三节 参加编写会及定稿会

参加编写会和定稿会（图 3-6）是专业编辑的一项重要工作，编写会和定稿会中，编辑需要全程参与到讨论中去。会议参与过程中也涉及人际交往及沟通，比如，我们在对图书结构及内容有疑义时，是直接提出来，还是私下和主编沟通后，再由主编提出来，需要根据参编人员和会议的具体情况确定。

第三章 相关人际交往——交往与沟通能力

图 3-6 教材编写会现场

编写会、定稿会的准备工作和大致流程在第二章中已经介绍过了（详见表 2-1），现将会议注意事项和相关内容介绍如下：

编写会

目的：确定编写方向、框架、目录、样章，为后续编写确定尽量详细的原则和标准。

会议内容：1. 主编传达主编人会议精神。

2. 进一步讨论修改目录。

3. 每位编委各自汇报自己的样章，参会人员讨论并提出修改意见。

4. 根据讨论内容调整目录及任务安排。

后续安排：根据讨论情况确定交叉互审完成时间及定稿会具体时间地点。

会议重点：全书框架

定稿会

目的：尽可能仔细的审读全稿，为交稿做准备。

会议内容：1. 逐个章节审读稿件内容，包括内容是否有科学性问题，图片是否符合要求，篇幅是否合适等。

2. 如有需要，安排第二次交叉互审。

后续安排：根据定稿会审读稿件的情况，确定交稿时间（编委交给主编的时间，以及编写秘书整理稿件后，交给出版社的时间）。

会议重点：内容细节

第四章 编辑加工——文字审读和书稿管理能力

第一节 编辑加工

一、文字的编辑加工

有时候作者会对编辑有过高的期望值,比如他们会想象编辑坐在桌前,一页一页地看堆积如山的稿件,精挑细选,仔细修改,在日复一日的工作后,一本优秀的书就产生了。但很遗憾,编辑不是作者,我们不能为书增添什么内容,我们只能根据作者提供的书稿进行加工、修改、整理。图书编辑的过程是编辑和作者反复沟通的过程,我们的目的是使一本书尽可能结构清晰、内容有说服力。

(一)文字的编辑加工

我们在做书稿加工时,需要注意以下几点:

1．修改错别字，包括常用语和专业用语的错字；

2．注意政治问题，比如涉及领土和主权问题的描述时；

3．审读知识性差错，尤其是科技图书，具备专业知识的编辑可以发现书中的知识性问题；

4．图书结构问题，比如层次的条理欠清晰，章节内容的安排欠合理等；

5．文字表述，包括正文文字的润色和标题的加工；

6．标点符号、单位等，该用逗号的不要用句号，该用顿号的不要用逗号，单位中英文不要混用等；

7．图表的加工，不要只顾着加工文字而忽略了图表。

除了细节性的文字加工，我们还要注意审读作者是否准确表达了他的意思？读者是否能获得书中的论点或故事或经验等？书中的论点或故事或经验是否是以最清晰的方式呈现的？书中的信息和表达方式是否对于目标读者是合适的？

（二）作为文字编辑，建议注意以下两点问题

1．文字编辑阅读的目的不是为了赏心悦目，他需要训练自己用挑剔的眼光、带着疑问去阅读。

2．编辑的工作不是改写。很多时候我们会觉得，把一段文字重新写一遍比在作者原稿上修改更容易，但这不是编辑的工作。

（三）推荐的工具书

最新版的《现代汉语词典》等工具书、相关专业的英汉

对照专业词典、相关专业最权威的教材；对于科技编辑来说，科学出版社出版的《作者编辑手册》、全国科学技术名词审定委员会网站上的术语服务也是常用的编辑加工工具。最新版的编辑证书考试辅导书中也对相关语言文字的审校有规范要求。

二、插图的编辑加工

插图是科技图书的重要组成部分，也起到了文字所不能替代的作用，高质量的插图可以更形象地说明问题，更生动地突出重点，俗话说"一图值千字"。对于图书编辑，插图的加工也很重要。在插图的加工过程中，需要注意如下问题：

（一）结构及构成要完整

1. 图片要完整

图中的要素要全，图题和图注中提到的箭头、编号不能缺少相应的注解。

2. 图号、图题、图注要完整

有些图片只有图号，缺少图题，或只有图号和图题，没有对图片的具体描述，遇到这类问题，编辑可以补充则补充，不能补充的要请作者补充。

（二）内容要科学、规范

图中术语要与正文一致，单位和符号等要规范，有时在编辑加工的时候会只注意修改正文的术语和符号,忽略了对图片中内容的加工。

(三) 图片质量要符合要求

照片图要大于300DPI,线条图至少要线条清晰,以便于修图。

三、质量控制

质量控制是图书出版的重要内容,许多出版社设有专门的质控部,负责处理读者投诉,图书自检自查,定期组织审稿人员培训等。编辑也应充分重视图书质量控制,编校质量不合格的图书会直接影响责任编辑的续展注册。笔者将编辑可以做的质控工作总结如下。

(一) 审稿资质

严格按照相关文件要求的一二三审资质安排审稿人员,例如一审需要有初、中级编辑职称的人员,二审一般需要有副编审以上职称,三审需要由社长或总编辑指定的高级职称人员担任。

(二) 审稿注意事项

每个审次有相应的审稿要求:

1. 一审

(1) 审读全稿、对内封、前言类、目录、正文、图表、参考文献、索引、附录等逐一审读，检查内容是否完整，有无缺漏项。

（2）逐字逐句审读，逻辑、修辞、名词术语、计量单位、标点符号等细节问题都要仔细审读。

（3）重要内容，如政策法规、科学规范等也要重点审读。对书稿整体内容做初步的把关。

2. 二审

同样要求审读全稿，同一审的审读内容基本一致，要比一审更注重对书稿整体内容的审读。同时，二审需要重点审读、解决一审提出的问题，处理作者提出的修改意见，对一审质量进行评价等。

3. 三审

（1）不要求审读全稿，审读内容不少于全书的10%，抽查审读。三审虽然审读内容少，但很重要，需要从宏观、整体的角度对稿件的内容质量把关。

（2）三审需对一审二审提出的问题予以解决或反馈作者。对一审、二审审稿质量进行评价。

（3）三审需审查书稿的政治思想内容、科学性和学术质量，对书稿能否发稿出书给出意见。

（三）科学性

除了文字差错，也不能忽略科学性错误。审稿编辑经常会比较重视文字错误的审读，很多科学性错误不容易发现，尤其是有些书稿内容比较专业，编辑的知识储备不足以发现知识错误,遇到这种书稿可以请相关专业人员协助审稿,必要时可以增加审次。

(四) 重要内容的审核

有些重要内容要重点审核,例如政治性、科学性、思想性、学术性和原则性错误,在每个审次都要重点审读。封面、内封、前言类、目录等文前内容,正文图表、政策法规、科学规范等,也要重点审读。

(五) 及时做勘误

及时做勘误也是质量控制的重要手段,通过图书出版后的自检自查、作者的自检、读者使用反馈等途径,可以发现部分书中遗留错误,应及时对错误做勘误,以提升图书重印时的编校质量。

(六) 读者投诉与反馈

要重视读者反馈,编辑能直接处理的反馈意见,例如字词错误,可直接处理或回复读者;编辑不能直接处理的反馈意见,应及时反馈给作者。

及时处理读者反馈的意见不仅可以对图书错误进行及时补救,还可以维护读者资源。如果有条件,编辑还可有意识地培养一些固定的读者群体,定期询问阅读意见。

(七) 重视审读报告的书写

审读报告可以及时梳理、总结审读过程中发现的问题,而且

第四章 编辑加工——文字审读和书稿管理能力

可以起到编辑之间互相交流学习的作用,因此要予以重视。

附

审读报告[①]

一审报告

一、书稿内容及评价

通读全书,是一本国内较详细介绍、讲解眼科临床免疫学进展的书籍。全书结构较合理,科学性较高,具有一定的创新性。

二、作者简介

略。

三、出版价值及效益预测

书籍内容贴近现实,讲解非常到位,读者群较广,适合刚刚接触免疫学的年轻医生阅读,也适合具有一定基础科研经验、打算进一步深入研究临床免疫学的医师参考。

四、审稿记录

全书体例格式、字体欠统一,英文拼写及错字多,主要进行如下修改:

1. 错字及不规范用语(括号外为修改后内容):

甲泼尼龙(甲基强的松龙),泼尼松(强的松),地塞米松(氟美松),吲哚美辛(消炎痛),植入(人),自主神经(植物神经),组胺(组织胺),鼻窦(副鼻窦),拔(拨),雷公藤总苷(雷公藤多式),蜂窝织炎(蜂窝组织炎),结核分枝杆菌(结核杆菌),黏多糖(粘多

[①] 因一审记录中指出了较多的问题,为了避免对图书的影响,将书名和作者隐去。

糖），甲紫（龙胆紫），亚甲蓝（美蓝），氨基糖苷（氨基式），20世纪（上世纪），瘢痕（疤痕），单纯疱疹病毒（单疱病毒），成分、部分（份），弛张热（长），℃（°），鼻出血（鼻衄）……

2. 图稿编号错误较多，已修改，请作者审读清样时复核。

3. 改时间表达法：天（d），周（w），小时（h）。阳性（+）改上角标。

4. （1）和1）的标题层次乱，已修改并批准，请作者审阅并修改。

5. 英文拼写错误很多，修改部分拼写，请作者审阅并修改。

6. 部分内容有广告嫌疑，已删除或在图中遮盖。

7. 目录与正文多处不对应，无法按照目录修改，需作者补充英文目录修改。

经过加工，基本达到本社"齐、清、定"的要求，可以交付二审，请二审重点审读标题层次及名词术语。

第二节　书稿管理

书稿管理是编辑的基本功，也是选题策划的基础和保障，而大型学术专著的出版能够体现专业出版社的学术水平，这项工作在专业出版社中占有举足轻重的地位。因此，组织策划大型学术专著是策划编辑必须经历的成长阶段，而对大型学术专著进行出版前的整理工作也是策划编辑必备的职业素质。本节主要以大型学术专著的管理为例，介绍书稿管理过程中的经验。

所谓大型学术专著，不仅仅在于其专业性和权威性，更体现在系统性和时效性方面。一部大型专业书籍经过不断修订再版，可以获得有关领域的持续关注，拥有一批固定读者。大型专业书籍通常都由众多专家联合完成，即使不是卷帙浩繁，也是鸿篇巨制。整理这样的书稿最能锻炼和培养编辑的专业素质。面对这样的书稿，不仅要求编辑人员具有一定的专业知识，更要求有认真的工作态度和灵活的沟通能力。

例如我社出版的《中华眼科学》是一套大型专业图书，总共12卷，囊括眼科学全部领域。由于它被眼科医师视为眼科学界的"辞海"，因此读者对这套书的科学性和文字质量有着很高的期望，出版社也对这套著作在出版过程中的书稿编辑和整理工作提出了严格要求。

笔者承担了《中华眼科学》（第3版）从书稿整理到编辑加工的全部工作，虽然工作量非常大（图4-1，图4-2），但从中可以学习到大型书稿的组织策划流程。

图4-1　《中华眼科学》（第3版）其中一卷的清样

图 4-2 《中华眼科学》(第 3 版) 全部清样和图稿

一、把握全局,认真处理各种关系

大型学术专著的修订周期约 5~10 年。在此期间,学科知识不断更新,各领域出现不少新专家和学科带头人,因此该书的再版在传承上一版内容和风格的同时,增加了大量新内容,而新作者也有新的写作风格。鉴于各个亚专业学科发展速度不同，各章作者特点不同，各个章节新旧内容变化有四种情况：

1. 完全沿用上一版原文；
2. 在上一版原文上做少量修改；
3. 以新内容为主，引用少量上版文字；
4. 全新内容。而新内容越多，整理的工作量就越大，需要注意的细节问题也就越多。

《中华眼科学》的特点是分卷、分篇多，每卷不仅有卷负责人，还有各篇的负责人，在整个书稿整理中，涉及四种角色之间的关系：篇章负责人、秘书或助手、负责组稿的资深策划编辑、责任编辑。因此，在整理书稿的过程中，必须随时与策划编辑沟通书稿的编写要求、格式要求，还要与作者和编写秘书及时沟通稿件的具体问题。

各章作者都是学科带头人，学组组长，中华医学会眼科学分会主任委员、副主任委员等，而负责书稿整理的责任编辑比较年轻。在处理与作者的关系时，首先要明确，在完成一部书稿出版的过程中，编辑与作者既是合作关系，也是服务关系，所做的工作是互补的，因此既要充分尊重作者，也要适时地提出要求，帮助作者提高书稿的质量。

在整理各卷内容时，首先要注意整体与局部的相互影响、相互牵制问题。一卷稿子存在质量问题，会导致整套书的不合格。因此不能放过每卷的科学性问题，有问题一定要退作者修改，以免影响整本书的质量。但对于整部著作，按时出版比无限制的纠结于细节问题更重要，因此要掌握分寸，既要保证质量，对有些小问题也不必过分纠缠，要保证在没有原则性错误的前提下，使书稿按时出版。

二、掌握节奏，科学制订工作计划

此类由众多专家集体撰写的大型专业图书的出版，是一个复杂的系统工程。拿到书稿后首先明确预计的出书时间，同时还要兼顾到：是否赶在某个重要的学术会议之前出版，是否在学会周年庆典之前出版，是否作为出版社重要活动的献礼书等。然后根据总字数，估算从编辑加工到排版生产的时间，根据预计的出书时间合理安排整理计划。

各卷书稿因修订程度不同，作者特点不同，质量差别很大。有的稿件基本达到加工要求，可以直接安排编辑加工，有的稿件需要经过反复整理修改。因此，拿到书稿时评估质量很重要，查看章节是否齐全，图片是否符合要求，体例格式是否整齐，字数是否与之前的要求基本吻合等。

整理工作的流程是：收稿，整理，发现问题，联系作者退改，再收回稿件，整理……直到符合编辑加工的要求。在这个过程中，建立一个进度统计表是很重要的，如果书稿的情况比较复杂，建议进度表包含以下内容：（1）交稿时间；（2）稿件是否齐全；（3）字数；（4）图数；（5）如果做彩插，彩插图号有哪些；（6）图稿是否已经打印；（7）一审完成时间；（8）二审完成时间；（9）其他（如作者身份证号等是否已提供）。表格的好处一方面可以随时查看书稿整理加工进度，做到心中有数；另一方面可以清楚地看到每卷目前的主要问题，逐个解决，尤其是几卷同时交稿，同时整理时，还可以避免因整理内容多，遗漏需要解决的问题。样表如下：

分卷	内容	主编	交稿时间	是否齐全	字数	图数	彩插图号	图稿打印	一审完成时间	二审完成时间	其他（身份证号，作者名单）
第一卷	眼科学基础		2013.1								
第二卷	眼科学总论										
第三卷	眼睑、泪器和眼眶疾病										
第四卷	结膜、角膜和巩膜疾病										
第五卷	晶状体病		2012.9	是					已发		
第六卷	青光眼										
第七卷	葡萄膜、视网膜和玻璃体病		2013.2	否							
第八卷	眼屈光学		2012.1	是					已发		
第九卷	斜视与弱视										
第十卷	神经眼科学										
第十一卷	眼外伤和专业性眼病		2013.2	是					已发		
第十二卷	眼与全身病										

三、做好预案,认真解决各类问题

整理专业图书,需要做一些前期的准备工作。例如专业名词如何统一;图片是彩图随文还是做文末彩插;图表采用几级编号;作者署名和列入内封的原则;正文是否需要参考文献角标等。只有确定这些相关问题后,才能进行接下来的整理和加工。

四、注意细节,把好质量关

(一)注意目录问题

书稿目录是读者了解一本书的第一印象,因此目录的科学性、条理性十分重要。目录经过编写会、定稿会,以及策划编辑和作者之间的反复沟通,已经基本确定。稿件整理是对目录的又一次,也基本是最后一次把关,发现其中的逻辑问题很重要。例如同级的目录有重复的内容、上下级的目录应为平级等。及时与作者沟通解决,是确保正文科学性的重要一步。

有的作者思维很活跃,在编写中目录时常变化,有时会有逻辑性问题,比如两节标题分别为"第一节 视网膜母细胞瘤""第二节 白瞳症","视网膜母细胞瘤"是一个疾病,"白瞳症"是一个临床表现,一个临床表现可以对应多个疾病。因此,这两节有部分内容是重复的,需要和作者沟通,重新设置标题目录。

（二）注意插图问题

图片是学术专著的核心问题之一，照片图细节清楚、线条图清晰是图片的基本要求。如果是单色印刷，需要彩色印刷的图片做书末彩插，因此彩图要标记清楚。特别要注意的是，如调用上一版的插图，需关注图注和图片的对应关系，比如，有的作者沿用了上一版的黑白图片，但图注做了修改，如上版图是一副黑白眼底图，但修订时，作者的图注增加了一句"呈樱桃红色"，此时不能直接用上版黑白图，需要联系作者提供彩色眼底图。

（三）注意署名问题

核对各章节作者时，需注意前版作者是否署名、署名先后。这一点通常需要本卷负责人把握，但是编辑整理稿件时应注意是否漏署了上版作者的名字，如果发现调用前版内容较多，应增加前版作者姓名。修改署名前要与主编确认。

（四）注意参考文献

各篇作者交稿时，可能每一节都有参考文献，这时需要根据全书的要求调整格式。

（五）其他问题

例如调用上版文字原稿，经过工厂格式转换，正文的标题格式、上下角标会出现错误，部分应有的空格消失，比如标题级别为"1.",标题与正文之间空一个全角字符,但调用上版的文字,会是接排,因此当一个章节有较大篇幅存在类似问题时,提示可能直接用了上一版的文件,需要翻阅前一版书。

五、总结经验,积累资源

(一) 学习策划流程

大型专业图书的出版过程,不仅是研究和写作过程,也是一个极其复杂的系统过程。主编和编者的挑选原则,启动会和编写会的准备工作和会后的整理工作,以及会后随时的沟通和田间管理工作等,都需要学习。没有一个编辑可以不经过书稿整理加工,直接组织策划大型书稿,因此充分利用书稿整理的机会,从中学习大型书稿的组织策划流程。

(二) 梳理策划思路

在整理大型书稿的过程中,审读各个亚专业的书稿,可以丰富自己的专业知识,同时也能为自己今后策划新书提供参考。

整理大型书稿对策划思路的帮助主要有以下几方面:

1. 从内容整理的过程中找到热点问题,或从中寻找新的选题思路;

2. 从大型书稿的目录看整套书的编写思路,为策划自己

第四章 编辑加工——文字审读和书稿管理能力

的选题提供参考;

3. 从各卷的主编和编者看学科内有编书潜力的专家,为新的选题寻找主编;

4. 从整理过程中的沟通看与作者合作的可行性。

在完成一部大型书稿整理后,自己的选题思路应该更加清晰。

(三) 丰富作者资源

策划编辑最宝贵的资源是作者,而年轻编辑最缺乏、也最急需的也是作者资源。《中华眼科学》几乎涵盖了所有眼科大家,大部分前任、现任和候任学组组长,以及大量的中青年专家,这些专家都是未来出版个人专著的潜在作者。

在稿件整理过程中,通过反复和作者沟通,逐渐使作者对自己产生信任,使自己熟悉作者的行事风格和沟通方法,使作者熟悉自己的工作能力,彼此的信任为以后的进一步合作打下基础。同时也能了解哪些作者文笔好,哪些作者态度认真,哪些作者思路新颖,使自己为下一步合作做好初步规划。

(四) 为日后工作提供参考

任何一部书稿都不是完美的,尤其是大型书稿。通过对大型书稿的质量管理,可以发现其中的问题,例如挑选作者的问题、章节设置的问题、目录设置的问题等,不仅为这本书的再版提供经验,还可以使自己在日后的工作中避免类似问题的发生。

书稿整理和书稿策划犹如接力跑,是图书出版的两个步骤。书稿整理是书稿策划的补充,可以弥补策划和田间管理中的不足,也能学到很多策划知识和技能。

大型书稿的收稿整理是一个痛并快乐的过程,通过大型书稿的管理,能培养编辑田间管理和与作者沟通的能力。同时在此期间,也会增加编辑对这一学科知识和专家的了解,培养作者资源。因此独立完成大型书稿的整理和加工管理过程,对于编辑,尤其是年轻编辑,是一个难得的锻炼机会。

第五章 选题策划——整合及创新能力

第一节 选题策划概述

做专业领域的出版编辑有两个必要条件：

（1）对一定范围的学科感兴趣，并在其中几个方向上具有比较专业的知识；

（2）了解哪些题目对这个领域有帮助，出版的图书会有销量。

在有了初步的选题思路后，还需要对选题进行论证，人民卫生出版社的选题策划严格要求三级论证，即专家论证、编辑室内论证、社选题会最终讨论。选题形成过程可参见后文附的"策划报告"。

一、三种专著类型

1. 教材

教材或教科书是给大学生看的，他们的专业知识有限，因此教材本身不应具有太大的创新性，教材通常是出版社统一策划，各出版社对教材的策划思路不同，但以下几点应该是共同特点：

（1）简明扼要，观点和知识点要鲜明地提出。不要让作者像写学术论文一样，有过长的背景介绍和文献回顾；

（2）教材通常不需要参考文献角码；

（3）不要过于创新和前沿，教材上需要写广泛接受、广泛应用的观点、知识和技术。

2. 学术专著

学术专著是科技编辑最重要的出版类型，发行量虽然不如教材多，但读者群更广泛，可以是医学专业的学生，也可以是医生、专家。因为读者范围更广泛，所以需要作者和编辑做更多的事情来提高可读性。在此，笔者给出有如下几点建议：

（1）图书的定位要明确。全书的介绍章节是关键，建议在全书完成后再写，因为只有在这时，作者才对图书的整体内容和深度有了准确的把握。

（2）建议在全书尽量靠前的章节，用清晰并有力的语言说明观点。

（3）介绍性和结论性的段落最好从语气和力度上一致，使观点更清晰。

（4）将最简单、技术应用最普遍的章节放在最前面，随着图书内容的逐渐深入，引出特殊内容的章节。因为如果读者不是像作者一样的专家，浅显的开篇能让他们读下去，而太高深的内容可能让他们直接合上书。

（5）书的结构以及每一章节的结构尽量清晰，以免读者读不懂。不要忽视小标题的作用。不仅利于读者阅读，也利于作者在编写过程中理清思路。

（6）书名很重要。尽量在开始编写之前确定详细的书名，这样可以使图书内容和写作方向更明确。

3．专业畅销书

某些热门领域的图书可以做成专业畅销书，除了和常规学术专著同样的策划思路外，在书名、营销方式上还可以有更多的思考。

二、选题策划过程中需要整合的资源

很多人说，编辑需要八面玲珑，笔者虽然不完全同意，但我们确实需要整合各种资源、团结各方人员，而编辑自身就是各种知识的整合体。

1．作者资源

包括专家、助手和相关的技术人员，作者永远是编辑们的核心资源，同他们保持良好的关系对编辑而言是很重要的。

2．编辑团队

包括审稿团队、读者团队等。有固定的、保证质量的审稿编辑，可以帮助策划编辑及时分担工作，发现书稿中的重要问题，提高出版质量。而固定的读者可以定时对图书的阅读效果予以反馈，帮助我们出版更好的图书。

3. 营销

出书就离不开营销，除了销售人员外，作者和相关赞助机构也是重要的营销力量。

第二节　学术精品的策划

笔者是一名医学学术编辑，主要负责的出版范畴是五官科，尤其是眼科图书出版，五官科在科技出版中属于小学科，受众人群小，同时受学科影响力、新技术的发明及应用等方面的限制，在"国家科学技术学术出版基金"评定中不占优势，例如人民卫生出版社的眼科学术专著，自2007年起，有9年时间没有学术专著获得过基金资助。

笔者策划的2016年出版的《图解青光眼手术操作与技巧》（简称《图解》）获得了"国家科学技术学术出版基金"的资助，这是人民卫生出版社自2007年以来首部获得基金资助的眼科学专著，上一本获得基金资助的眼科学术专著，是由目前眼科唯一工程院院士主编。学术专著的策划，每一本书都是不一样的，这也正是此类图书策划的有趣之处，本节内容仅以《图解》一书的策划过程为例，与读者交流分享。

一、选题过程

选题确立是成书的起始步骤，选题方向是否恰当直接决定最终成书的效果，且选题确立、启动编写后，便不会做大方向的修改，因此选题确立需格外慎重，且尽可能详细。

1. 书店调研

《图解青光眼手术操作与技巧》的策划思路的形成源于书店的调研，我向书店负责人咨询眼科相关图书的销售情况，其中一套翻译图书引起了我的注意（图5-1），内容是眼科各个亚专业的手术技巧，一套书摆在书架上很显眼，书店负责人告诉我，这套书是他们店里销售比较好的眼科图书。但我在翻阅后发现，书中内容简单，且翻译图书并不完全符合国内的医师的需求，图片偏少且质量欠佳，书中大量内容存在改进余地。如果出版一套读者定位相似的原创图书，以人民卫生出版社作者的学术水平和协作态度来说，完全可以做得更好。

图5-1 笔者在书店翻阅相关书籍

2. 咨询专家及读者后确定定位

近几年,我责编的图书出版后,会将毛书或样书寄给几名时常会反馈阅读意见的读者们,并搜集反馈意见,作者的上一本书《图解临床青光眼诊治》得到了良好的读者反馈,几位读者也对这一选题也表示出了较大的兴趣。在参加学术会议以及与专家交流的时候,我也会咨询专家的意见,发现读者和专家对基层的、实用的、技术类的图书比较感兴趣,这也坚定了我策划实用、接地气,符合初、中级青年医师需求的手术操作图书的信心。

二、作者选择

1. 目标——名家名院名科名家

名家可以提高书的知名度和学术上的认同度,也是对图书内容科学性的保障。因此笔者策划的"手术操作与技巧"系列首选国内科室排名前列的院士、学组组长或副组长等约稿。

2. 首选——有良好合作基础的作者

合作顺畅是做出上乘之作的基础,很多优秀作品的主编都不是业内最权威的人士,他们很多是具有发展前途的青年医生。

笔者之前与《图解青光眼手术操作与技巧》的作者合作过一本书,了解作者的风格,同时该作者交稿速度快、内容质量高，便于进一步合作，提高出书效率。而且这位作者是中华医学会眼科学分会青光眼学组秘书、医院青光眼科主任，学术水平过硬，并具有很好地与读者沟通并收集反馈意见的能力。

三、书名推敲

1. 咨询与讨论——征求多方意见

确定初步的书名时，除了充分尊重作者意见外，还需要多方征求相关学科专家、读者，以及出版社选题委员会的意见。

2. 统计与分析——充分利用数据

在《图解青光眼手术操作与技巧》书名的确定上，笔者利用开卷系统对眼科畅销书以及医学全学科畅销书进行了书名的词频统计，通过计算畅销率、绘图等分析出某些词组和畅销书存在的关联性，同时分析出市场可能尚缺乏某种书籍。由此将书名从最初的《青光眼手术心得与技巧》修改为《图解青光眼手术操作与技巧》。

四、内容管理

1. 基础——内容实用

图书的内容是作品受到读者欢迎的根本条件，因此不管撰写风格如何，保证内容实用是基础。

例如，《图解青光眼手术操作与技巧》撰写风格独特，不但分门别类系统介绍，还以"提问回答"的形式解答了350多个与手术操作和技巧相关的以及并发症处理的临床实际问题，将丰富的临床经验、体会和见解与读者交流与分享。在风格独特的基础上，保证内容条理清晰、表述细腻。将手术方式、同一种手术的不同改良、不同风格与变化等都一一呈现给读者，力求内容丰富、翔实。本书出版后也受到了良好的反馈，作者每次外出讲课时介绍了书中内容后，都有大量读者随即购买。

2. 重点——注意细节

细节决定成败，精雕细琢、细节经得住推敲对图书质量也至关重要。

前文提到的《图解青光眼手术操作与技巧》，书中每一个字，甚至每一个标点、每一张图片和标识，都是著者反复推敲、逐字逐句录入、编辑而成。全书共有2500多张精美图片，本书排版期间，作者亲自在排版公司和排版人员一起工作了整整3天，逐一调整图片的颜色，使每幅图片中的重要细节都尽可能清楚地呈现。

3. 提升——亮点与新意

《图解青光眼手术操作与技巧》在每一章节里都包括"问题解答"部分，几乎囊括了现有所有的常用青光眼手术术式或操作中可能遇到的问题。

4. 保障——保持沟通

在作品的出版流程中，时刻同作者保持沟通，了解编写进度，询问作者遇到的难题，例如图书结构的调整、图片如何处理、是否需要联系专业的绘图人员、封面及外观设计需求等，随时了解作品的完成情况与作者的需求，及时解决问题，才能最大限度地提高作品的交稿质量。

5. 后续——改进创新

《图解青光眼手术操作与技巧》最初只决定做一本单纯的纸质图书，在与作者商讨后，决定附赠多媒体资源，迎合时代发展，同时增加本书亮点，最终本书附赠了 108 个手术视频，包括外国专家的手术录像。

对于有些图书，将视频二维码印在文内或封底也是不错的选择，但因二维码无法加密，在决定是否使用时要充分评估图书内容，并征求作者意见。

五、图书设计

1. 封面

封面设计要尊重作者的意见，同时要考虑图书是否有姊妹篇，或者是否可以和其他的图书作为同类产品共同营销。比如《图解青光眼手术操作与技巧》与《图解临床青光眼诊治》一书是姊妹篇，在设计封面时就要考虑两书的整体风格一致。

2. 用纸

文字为主的书多选用胶版纸、纯质纸、轻型纸；图片多的图书适宜选用铜版纸、纯质纸。但随着印刷和装帧技术的发展，图书的材质可以实现多样化、个性化了。

3. 开本及装帧设计

前面章节已经提到了图书的各种开本和装订形式。《图解青光眼手术操作与技巧》一书字数约100万字，开本选用大16开，美观的同时更利于书中2500余张图片的展示。

4. 充分体现特色

为了充分体现本书附赠的108个视频，图书设计时分别在封面作了说明；在后环衬列出了所有视频目录；在封底增加二维码，扫码后可看到视频目录。

5. 图片编排按作者排列方式

《图解青光眼手术操作与技巧》为学术专著，作者在编写时，已经对图片的排列做了仔细的设计，因此排版时叮嘱排版厂用原始格式的图片，根据作者文稿中的编排进行排版，同时注意图中箭头和标注的位置。

6. 增加高清视频入口

因作者精益求精，在资源上传至出版社平台需要转化格式，作者认为影响了视频清晰度，因此请音像中心单独为作者开设了高清视频入口。

六、申请基金

近年来，国家加大了出版基金的资助力度，出版基金的获得情况不仅是对图书本身的肯定,也成为衡量出版企业软实力和核心竞争力的一项重要指标。除了上一节提到的,在选题策划上精心设计、内容管理上严格把关外,在基金申报过程中也需要注意一些问题,主要有:

1. 把握申报要点和关键点

分析研究以往获得同类基金资助图书的特点①,并同出版社负责基金申报的部门及相关负责人保持充分沟通,选择最合适的图书品种以最适合的形式申报基金项目。例如前文提到的《图解青光眼手术操作与技巧》一书,笔者认为其符合科技著作基金有限资助面向基层、实用类著作的要求,故选择此书申报该基金。

2. 充分调动作者的申报积极性

基金申报需要作者投入较大精力,尤其需要作者通过其所在单位申报时,作者的工作量更大。同时作者还需认真撰写样稿,联系专家写推荐信,按时并高质量完成书稿撰写。因此向作者说明本书申报成功的可能性,以及获得资助后为图书本身及作者学术成果的正面影响,调动起作者的申报积极性,使作者尽可能发挥主观能动性,可以提高基金申报的成功率。

---

① 参见冯媛媛、宋秀全:《新时期出版社加强出版基金奖项申报工作实践与探讨》,载《中国编辑》2016年第1期,第57页;杨晋:《论国家出版基金资助项目的精细化管理——以人民卫生出版社有限公司为例》,载《科技与出版》2012年第11期,第21—22页。

第三节 规划教材的策划

一、策划过程中的注意事项

规划教材的策划通常由出版社统一完成,在策划过程中,需要注意如下问题:

1. 调研是教材编写和修订的基础

调研要注意广度与深度,既要尽可能覆盖所有开课院校,又要对重点院校做深入调研;调研的方式主要有发放和回收调研函、相关资料的查阅、咨询相关专家,以及院校走访、座谈等。调研时要充分结合学科特点和国家相关文件。对市面上同类教材的学习与评估也是教材编写和修订的一项重要内容。

2. 做好顶层设计是优化教材体系的关键

在充分分析调研结果的同时,还要重视由相关专家构成的评审咨询团队的意见,做好整体设计后再启动编写。

3. 编写队伍的构建要有权威性、代表性、覆盖性

主编和参编人员的权威性是内容科学性的保障;覆盖性要尽可能满足开课学校的教学要求;代表性要体现教材特点,教材的编写也不能枯燥,需要有亮点。

4. 根据读者对象的特点,把握好教材的写作深度

对于不同层次的学历教育,有不同的写作重点和要求。例如,研究生已经具备了基本的专业知识,教材编写时更注

意新知识、新进展的介绍；本科教育是基础教育，对基本概念、基本技能的要求更高；高职教育更重视实用性；中职学生年纪偏小，因此教材编写的时候，要用更通俗易懂的方式。

5．读者市场的定位要精准，并注意读者市场的拓展

通过学校调研、学生座谈、教材使用情况反馈等途径，明确教材的适用人群及阅读需求。注意教材出版后的宣传营销，以及配套教材及参考书的策划，拓展读者市场[①]。

二、教材编写和修订过程中的具体工作

教材的修订周期一般为五年，编辑在教材编写和修订过程中的具体工作主要有：

1．调研及主编、副主编、编委的遴选。需要准备的材料包括：调研及主编、副主编、编委遴选通知，报名表，教学及课程相关调查表等，如果是修订教材，还要有上一版教材使用的反馈表。如果有条件，可以利用其他机会召集学生座谈，当面获得教材使用反馈信息（图5-2），随着网络技术的发展，很多出版社的调研工作可以通过网络平台实现。

2．回收调研函，整理调研资料。

3．主编及副主编确定后召开主办人会议，做相关的会议筹备等会务工作。

4．主编人会议之后，继续召开编写会、定稿会。编写会

---

① 参见杜贤：《创建中国特色的医药学教材建设模式》，载《科技与出版》2012年第2期，第17—21页。

及定稿会的主要内容已在前文详述，这里不再赘述。

5．收稿，进入后续的编辑加工阶段。

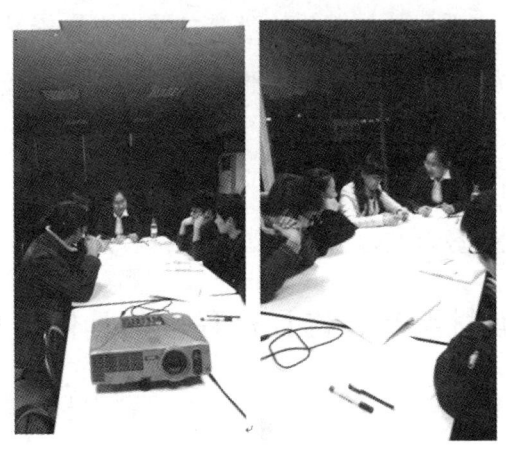

图 5-2　与学生座谈，搜集教材使用反馈

三、教材的策划与管理过程中的注意事项

在教材的策划与管理过程中，我们还需要：

1．善于学习

召开教材编写会议的时候，因为对教材相关专业知识储备有限，有些编辑在会议上没有存在感。但一个合格的编辑需要具有学习能力和热情，尽可能增加相关领域的知识，尽可能深入地参与到教材的内容完善过程中。

2．会议筹备和组织能力

各种会议的顺利召开、各种人员的协调，对编辑的能力都是一种考验。

3. 创新能力

随着数字阅读、VR等技术的发展，教材的形式也在改变，数字教材、纸数融合教材等新产品也在不断出现，需要编辑们与时俱进，在传承的同时，对教材进行适当的创新。

教材策划流程总结如下：

(1) 调研	◆ 制作调研遴选通知、调研函等相关资料 ◆ 发至各相关院校教务处或教学负责人处

(2) 调研资料整理	◆ 回收 ◆ 汇总、整理 ◆ 电话沟通，补充或核实相关信息

(3) 主编及副主编人选	◆ 提出主编及副主编初定人选 ◆ 报评审委员会讨论

(4) 主编人会	◆ 讨论教材整体定位等整体性问题，各书目录、书目是否有增减等 ◆ 确定教材编写进度及编写会、定稿会时间 ◆ 会后发会议纪要

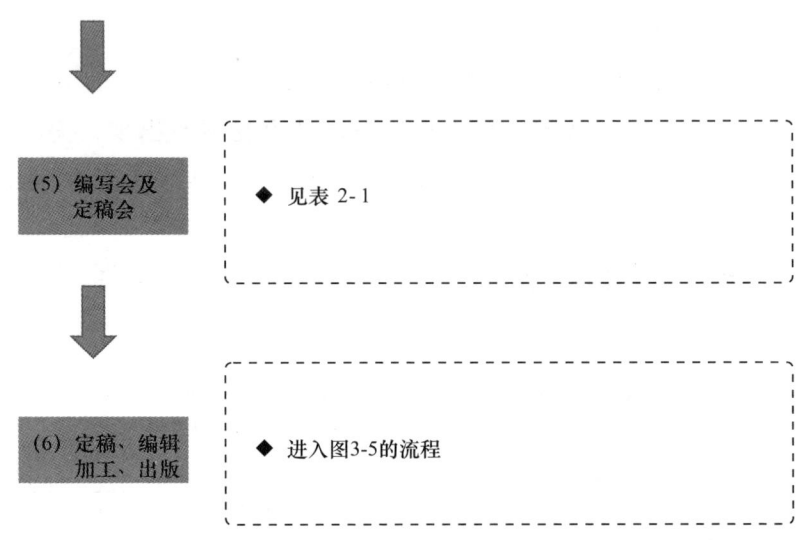

第四节 科普图书的策划

科普图书的策划比较灵活,笔者策划科普图书的数量不多,现将现有经验与读者交流分享。

一、选题

科普书选取大众感兴趣的话题。例如:

笔者出版过一本介绍近视相关知识的科普读物,我国青少年近视率高,本书内容很贴合家长及孩子对近视相关知识的需求。

还有一本是针对新生儿听力问题的科普读物,目前新生儿听力筛查属于新生儿常规筛查项目，儿童听觉障碍的发病率高，对家庭和社会都有重大影响。这个选题能有效提高民众对预防措施的知晓率，最大程度、最大覆盖面地实现儿童听力障碍的预防。

二、作者选择

科普图书的作者有相当一部分不是业内最权威的专家，但是他们有向患者及大众普及科学知识的愿望，并且乐于协作。

笔者发现，很多资深专家的写作风格及表述风格更适合写学术专著，难以适应科普书的语言风格要求。反而是30岁左右的青年医生，表述方式更活泼、更接地气，更容易被大众接受。

三、书名是重点

科普图书书名的作用比学术专著和教材要重要，一个好的书名可以首先提起读者的兴趣。

有一本书叫《别让孩子输在听力上》，商讨书名时我们前后斟酌了二十多个方案，同时多方征求意见。比如，我们又征求了一下科普编辑的意见，他们建议书名不要太长，要体现孩子家长关注的关键信息，但同时科普书书名有趣也比较重要。最后我们从《别让自己的宝贝输在听力上》《别让孩子的耳朵"生病"》《如何预防宝宝听力障碍？——听听专家怎么说！》等备选书名中，确定了最终书名。

四、内容要吸引人、有亮点

笔者认为,科普图书比专业图书更难写,因为要把专业知识给不懂专业的人讲明白具有一定的难度,因此从图书的结构、书写的角度和语言上,都需要更多的思考。

比如一本书将近视、眼球结构的相关知识写成童话故事,女主人公在眼镜王国历险,同时将枯燥的专业名词转化为故事中的地名,比如玻璃体(vitreous)比喻成维翠丝湖;女主角叫做"灵西",是晶状体(lens)的音译;琥珀之门是虹膜,因为虹膜是棕色的,起到控制光线进入眼内的作用;考尼尔透明区工程是角膜(cornea)的音译……这本书将枯燥的解剖结构生动形象化,因此在图书首发仪式上,这种描述方式一经介绍,就有不少读者咨询图书购买事宜。

五、配图要有趣

科普图书的配图可以大大增加图书的可读性,而且科普图书的图片最好是漫画图或示意图。有时图片是作者自己绘制的,但作者一开始只绘制成了黑白漫画,我们可以协助作者联系制作公司,将黑白漫画填色成彩图并修图,提高了图书的呈现效果。

六、图书设计要有新意

教材和学术专著的外观设计通常比较中规中矩,做新尝试的机会不多。科普图书的外观设计要相对灵活,也要花更多时间来沟通和琢磨,比如增加腰封、书签,用特殊的纸张,采用更灵活的版式等,需要编辑同相关的设计人员有更充分的沟通。

七、科学性要特别注意

科普图书,尤其是养生保健类图书,是质量检查的重点,科学性不过关的科普图书,除了会产生不好的社会效应,还会对编辑自己的职业生涯,甚至对出版社都会有严重的影响。因此,科普图书的作者,虽然不需要是业内最权威的专家,也一定要选取学术上有保障的作者。

第五节 数字产品及音像制品的策划

随着科技的发展,思维的转变,阅读方式也随之变化,音像制品和数字产品的数量在逐渐增多,某些更新的技术,例如虚拟现实(VR)、增强现实(AR)和混合现实(MR)等产品也在逐步开发。现将此类产品策划的注意事项总结如下:

1. 注意整体设计。不同于普通纸质图书,数字及音像制品除了文字、图片等内容外,还有视频、动画等资源,是否加字幕和配音等,需要做充分的整体设计。例如,笔者参与策划出版某个手术视频产品时,增加了简要手术步骤的小册子（图5-3）。

图5-3 加密U盘产品，配简要说明的小册子

2. 审读的内容有变化，除了审读文字和图片，还包括多媒体资源的审读，比如审读视频时，清晰度、配音和字幕的准确性，是否有肖像权等问题都是审读内容。

3. 不论出版的形式如何变化，编辑的专业素养和能力都是核心竞争力之一。内容仍然是核心，不管出版的形式如何变化，我们仍然要从读者的需求出发，以读者为中心。

4. 在开发新产品的同时也不能忘记坚持出版规范和要求，虽然审稿的方式不同，但三审三校是始终需要坚持的。

新技术、新产品的种类很多，不同的产品有不同的策划重点，也会遇到不一样的问题。关于某些新技术，例如3D产品、数字产品相关的策划经验，会在本书第八章做较详细的说明。

第六节　版权产品的策划

随着我国国际地位的提升，出版也越来越国际化，版权输出和版权引进图书的数量也在逐年增长，尤其是版权输出的图书，人民卫生出版社每年都有多本图书向美国及欧洲输出版权，因此，希望编辑们能了解相关图书的策划。

除了选题策划的常规步骤，还应注意相关的版权引进和输出等问题，这需要出版社的版权经理参与，现将额外需要注意的问题总结如下：

1. 注意版权引进，不仅需要取得原著者授权，当原著的版权归出版社所有时，需要向原出版社购买版权，具体案例可见本书第十章。

2. 选择译者时要同时注意译者的学术水平和语言水平。

3. 评估选题时，需要将版权费用计入成本，国外出版社一般按版税率收取版权费用，因此会提高出版成本。选题时需要评估该领域的原创图书情况，如果原创图书已基本满足市场需要，是否值得做引进版图书，引进图书的版权费用会体现在图书定价中，读者是否愿意花更高的价格购买这本书。

4. 版权相关的授权和文件需要送版权局备案。

附

策划报告

一、选题名称

图解青光眼手术操作与技巧

二、选题背景

我社眼科图书约有 200 余个在销品种,开卷系统码洋占有率约 60%,我社的眼科参考书中,大部头的参考书较多,针对初、中级医师的实用类图书相对不足,加强实用类图书的策划可能成为眼科图书的潜在增长点,因此筹备策划一系列手术技巧类图书,青光眼手术是其中一本。

三、选题价值

1. 社会价值

填补国内尚无实用性青光眼手术专著的空白。

2. 学术价值

学习手术是一项漫长且艰苦的过程。从最初的二助、一助到主刀,从观看、模仿、尝试、熟练、纯青、创新,几乎都要耗尽 10—20 年时间。目前眼科参考书中,有全面介绍眼科各种手术的专著,但尚缺乏一系列实用的、讲解更细致的、分享有经验的手术医师的手术技巧及心得的专著,本选题拟出版这样一本实用著作。

3. 出版价值

响应国家优质医疗资源下沉的号召,将国内优秀专家的经验和知识带给基层医生。

四、选题酝酿及提出的有关情况

(一)选题的前期调研

1. 书店调研

《图解青光眼手术操作与技巧》的策划思路的形成源于书店的调

研,我向书店负责人咨询眼科相关图书的销售情况,其中一套翻译图书引起了我的注意,内容是眼科各个亚专业的手术技巧,一套几本摆在书架上很显眼,书店负责人告诉我,这套书是他们店里销售比较好的眼科图书。但我在翻阅后发现,书中内容简单,且翻译图书并不完全符合国内的医师的需求,图片偏少且质量欠佳,书中大量内容存在改进余地。如果出版一套读者定位相似的原创图书,以人卫社作者的学术水平和协作态度,完全可以写得更好。

2．作者挑选

合作顺畅是做出上乘之作的重要保障,很多优秀作品的主编都不是业内最权威的人士,而是具有发展前途的青年作者。

我同本书作者之前合作出版《图解临床青光眼诊治》时,发现作者的两大鲜明风格:①极其认真;②写书速度很快。这两个特点可以极大地保障图书及时、高质量地完成。同时作者是中华医学会眼科学分会青光眼学组秘书、医院青光眼科主任,学术水平过硬,且具有很好地与读者沟通并收集反馈意见的能力。向她约稿,既能保证科学性和编写周期,又能够充分沟通,最大限度地提升图书质量。

3．数据分析

《图解青光眼手术操作与技巧》书名的确定,利用了对开卷系统的眼科畅销书以及医学全学科畅销书进行了书名的词频统计,通过计算畅销率、绘图,由此分析出某些词组和畅销书中存在关联性,同时分析出市场可能尚缺乏某种书籍。根据分析结果将书名从最初的《青光眼手术心得与技巧》修改为《图解青光眼手术操作与技巧》。详细过程见后附"眼科畅销书词频统计及畅销率分析"。

(二)选题的三级论证过程

1．专家调研及读者咨询

近几年,我责编的图书出版后,会将毛书或样书寄给几名时常会反馈阅读意见的读者看,同时搜集反馈意见,作者的上一本书《图解临床青光眼诊治》得到了良好的读者反馈,同时几位读者对这一选题也表示出了较大的兴趣。在参加学术会议及其他与专家交流的时候,我也会咨询专家的意见,发现读者和专家对基层的、实用的、技术类的图书比较感兴趣,这也支持了我做针对青年医师的手术操作图书,实用、接地气,符合初、中级医师的需求的图书。

2. 编辑室内讨论

经编辑室内讨论后,充分肯定了本选题的价值,因本书为手术类图书,讨论后建议增加手术视频,做成富媒体学术专著。

3. 社选题会讨论通过

本选题经社选题会讨论,并建议尽快组织编写,并在全国眼科年会上举办首发仪式。

五、选题的内容特点

图:目前的眼科图书,手术类图书多以手术学为主,叙述偏多,图片不足,本书拟加大图片比重,以图为主,力求所有文字叙述到的手术步骤、技巧,都配有相应图片。

解:不以常规的叙述手法编写,以为临床手术医师答疑解惑为目的,提出问题,有问有答,详尽与周到地涉及了与手术相关的方方面面。

技巧:眼科医师希望读到专家分享自己手术心得体会的学术专著,因此本书不能只写步骤及要求,还要着重介绍著者多年手术的心得和技巧。

操作:眼科手术操作精细,单纯图片不能完全体现手术步骤,因此需要配手术视频,作为网络增值服务的形式为读者展示多位经验丰富的眼科医师的手术操作过程。

六、读者对象

本书的编写目的是成为眼科医生的良师益友,供医学专业的学生、各级眼科医生,特别是有志于在青光眼领域发展的眼科医师阅读和参考。

七、同类书分析

如前文所述,目前市场上有一套引进版"手术操作与技巧"系列图书,但书中内容简单,且翻译图书并不完全符合国内的医师的需求,图片偏少且质量欠佳,书中大量内容存在改进余地。本选题如按预期设想出版,在内容的实用性、学术水平及图片质量上将远超那套图书。

八、进程安排

本书预计文字30万字左右,图片不少于2000张,根据本书预计的篇幅及作者以往写书的效率,预计2015年底可交稿,可于2015年下半年申请国家科技著作基金资助,于2016年9月出版,并于全国眼科年会举办首发式。

九、图书设计

1. 封面

本书作为《图解临床青光眼诊治》的姊妹篇,封面做浅色设计,选取简洁大方的图作为装饰。

2. 用纸

本书采用128g无光铜版纸,减少光铜反光对阅读的影响,并让本书显得更为厚重。

3. 开本

本书版面字数预计达到100万字,选用大16开开本,美观的同时,更利于书中2000余张图片的展示。

4. 增加二维码,扫描可查阅视频目录

为了充分体现本书附赠的视频增值服务,计划在后环衬列出所有视频目录；在封底增加二维码，扫码后可看到视频目录。

5. 图片编排按作者排列方式

本书为学术专著，作者在编写时，习惯将图片的排列做仔细的设计，因此排版需根据作者文稿中的编排进行排版，同时注意图中箭头和标注的位置。

6. 增加高清视频入口

因作者精益求精，在资源上传至出版社平台时需要转化格式，为避免对视频质量的影响，请音像中心单独开设高清视频入口。

7. 建议印数及定价

本书读者对象较窄，为眼科医师及青光眼专科医师，预计读者群几千人，建议首印不超过 3000 册。本书内容容量大，且配有大量视频，为充分体现内容价值，定价可适当提高。

十、营销建议

眼科学会网站发布相关消息，作者各地讲课时宣传，眼科年会举办图书首发仪式，微信公众号等网络媒体宣传。

十一、营销方案及预期效益

1. 新书发布会及网络媒体报道

本书拟在 2016 年全国眼科年会上举办图书首发仪式，并联系眼科相关微信公众号等网络媒体转载或报道。

2. 作者培训及讲课宣传

作者计划亲自赴新疆、西藏、黑龙江、香港、澳门等 30 余个省市地区，以及日本、韩国等亚太国家讲学，会议发言或开设学习班介绍本书内容。

3. 申报科技著作基金

本书拟于 2015 年下半年申报 2016 年度"国家科学技术学术出版基金"资助。

十二、产品升级及后续开发

1. 本书有大量高质量的图片，有版权输出的潜力，在作者时间和精力允许的情况下，可建议作者翻译成英文版。

2. 本书网络增值视频资源丰富，可考虑出版单独的手术视频产品，如加密U盘。

3. 眼科手术器械及技术发展较快，五年后可考虑再版。

第六章　田间管理与产品设计——细节处理能力

有了好的选题方案只是做一本好书的开始，细致到位的田间管理是提高书稿交稿质量的重要保障，而产品设计也会很大程度地提升图书的出版效果。本节内容在上一节的附录策划报告里已有涉及，这里再提纲挈领地讲一讲。

第一节　田间管理

"田间管理"这个词用得很形象，田间管理是指大田生产中，作物从播种到收获的整个栽培过程所进行的各种管理措施的总称。而我们出书，从选题想法的萌芽，到最后图书出版，也如同从播种到收获的过程。

一、图书定位及书名

1. 图书定位

明确的图书定位可以最大限度地体现图书的价值，如果定位模糊不清或读者定位过于广泛，会降低图书的实用性；而读者定位过窄，有可能导致图书内容单薄，也会降低实用性，影响图书的发行量。因此，充分地调研会帮助我们尽可能地对图书精准定位。

上一章附录的策划报告里也提到，精准定位图书主要有以下几个方法：

（1）书店。学术专著可以通过多逛逛专业书店，深入到读者中间去，获得第一手的资料。

（2）学术会议。学术编辑要多参加学术会议。哪个专业的学术会议多，哪个会场的听众多，哪里就可能会发掘出新的学术选题。

（3）调研函。主要用于教材的编写，但有时教材使用的反馈会反映出一些学术专著的选题方向。

（4）读者咨询。可以在图书出版后，将毛书或样书寄给熟悉的读者看，同时搜集反馈意见，培养自己的读者资源。

（5）座谈。利用编写教材的机会，到相关院校组织学生座谈，请学生谈谈自己使用教材、阅读参考书的感受和需求，获得学生的直接反馈。

（6）利用其他资源。作者曾利用开卷系统对眼科畅销书以及医学全学科畅销书进行书名的词频统计，通过计算畅销率、绘图，由此分析出某些词组和畅销书存在关联性，以及畅销书中常用的高频词，对图书书名进行了调整，具体方法见第九章第一节"合理利用数据资源"。

2. 斟酌书名

书名是一本书最先呈现在读者面前的信息，图书的书名是否恰当也会直接影响图书出版的效果。在选题申报的时候，通常书稿还没有完成，在图书编写过程中，编辑随时同作者沟通，有可能会找到更适合的书名。前文读者定位中提到的所有方法也都适用于书名的推敲，作为学术图书，书名和科研文字的名词有明显的不同，在同作者沟通时，应向作者说明。图书的书名是概括性的，引起读者购买兴趣，例如《××病例精粹》《实用××学》；而科研文章的名称是详细的，要说明文中信息，例如"复杂性视网膜脱离的玻璃体切除术联合气体或硅油填充手术复位率的比较"。

二、目录及样稿

我们不能坐在办公室等着作者将书稿完成后交给我们，编辑的价值体现在出版的各个环节，在图书编写过程中，尽可能给作者提供帮助，是策划编辑价值的重要体现。目录怎样编排更好，怎样通过目录梳理出书中内容的逻辑性，哪些内容建议简写，哪些内容建议增加等，逻辑清晰的目录，可以大大提高编写效率。

格式相对统一的样稿是图书风格统一的保障，样稿有哪些可以改进的地方、结构及标题设置是否合理、段落结构是否合适、是否需要增加图片、图片的质量是否符合要求，这些都是样稿审读的重要内容。在编写过程中，随时请作者将书稿发给我们审读，可以随时解决书中的原则性问题，提高交稿质量。

三、产品提升建议

图书出版领域正在经历日新月异的革新,我们在书稿田间管理时也要与时俱进,使最终出版的图书更符合时代特征,例如增加二维码、网络增值视频等资源。

第二节 产品设计

这里我们说"产品设计",而不是"图书设计",因为音像制品和数字出版也是重要的出版种类。

一、外观设计

1. 开本及装订

(1)开本(图6-1)。学术专著一般采用大16开和16开,字数较少的也可用小16开;图谱多为大16开、16开、小16开,根据篇幅不同选用。需要注意的是,小16开受版心限制,如果并排排列的图片较多,则不太适宜使用;手册多采用大32开、32开、长32开,偶尔也可有64开;指南及解读多用32开、长32开,图片较多时可用小16开;科普书大32开、32开较常见,字数较多时也采用小16开。

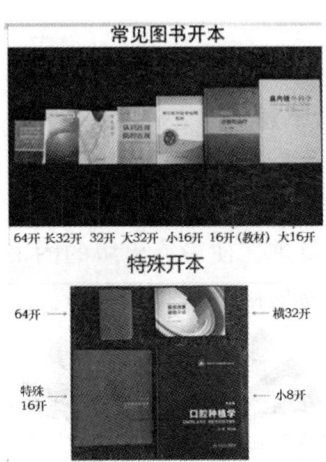

图 6-1　图书常见开本及特殊开本举例

（2）装帧形式（图 6-2）。学术专著多用精装、软精装，当然平装的学术专著也不少见；图谱多采用精装；手册、指南及解读、科普书多用平装、平装加勒口。根据图书内容和作者喜好，裸书脊、函套等也是可以选择的装帧方式。

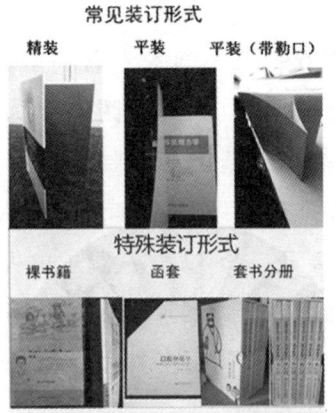

图 6-2　图书常见及特殊装帧形式举例

2. 用纸及印刷色

例如，科技类学术专著、图谱等，更适合用铜版纸**四色印刷**，科普书、考试书、教材等，可以双色或黑白印刷。图片较多，文字很少时，可以用光铜版纸，图片印刷效果更精美，而文字较多，图文并茂的图书，尽量选择无光铜版纸，减少反光，增加阅读舒适性。

3. 封面及版式

封面及版式不单纯是美术编辑的工作，策划编辑要深入地参与其中，因为策划编辑比美术编辑和版式设计人员更了解图书内容和作者的风格，比作者更了解出版规则，因此在整个图书外观和版式设计的过程中，策划编辑发挥着重要作用。

4. 特殊功能及产品

可以增加例如二维码等附加信息，扫描后观看增值视频等。

音像制品的设计更加多样化，例如前文提到的将音像制品从光盘转变为加密U盘设计。

此外，对策划编辑来说，除了office，如果能掌握一些其他设计软件的使用，对日常工作也是很有帮助的，例如indesign、photoshop，不仅用于封面和版式设计，在后期营销时对设计宣传资料也有一定帮助。

第七章　会务工作——接待协调能力

除了图书策划、稿件审读，会务工作也是策划编辑的基本功，顺利举办编写会、定稿会等相关会议，是编写高质量图书的重要保障。会务工作包括会前、会议进行中、会后三个阶段（图7-1），其中会前准备最关键，充分的会前准备可以保障会议顺利进行。

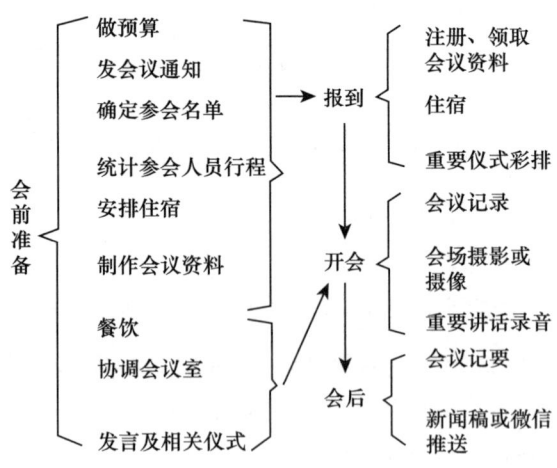

图7-1　会议举办大致流程

一、会前准备

从确定会议召开到开会报道前一天,为会议前期准备阶段,主要工作如下(表7-1):

表7-1 开会前准备工作

内容	具体工作	备注
做预算	住宿、餐饮、横幅、会议室、背板、易拉宝、茶歇等	
会议通知		
参会人员确定	名单、通讯录,联系人员	
行程	往返机票及火车票信息	重要人员安排接送,本地参会人员是否需准备停车券
安排住宿	单间还是合住,住宿费是否由主办方承担	计算需要的房间数,同时预留出一部分房间,以便有特殊情况
会议室	电脑、幻灯、横幅、话筒、茶歇等	根据之前确定的参会名单,预定适合大小的会议室 是否分主会场及分会场
餐饮	登记人数,人均标准	是否需要制作餐券
会议资料	胸牌、代表手册等	重要的参会人员或演讲嘉宾制作VIP胸牌
发言及相关仪式	重要仪式彩排,重要参会人员讲话是否需要提供发言稿素材	
报到	安排引导、注册等相关人员	

1. 预算

举办会议的第一步是根据会议的规模、级别做好预算，包括：住宿（人数、住宿标准、是否合住等），餐饮（多少人、几餐），会议室（使用的时间、能容纳的人数），背景板（尺寸、设计要求等），易拉宝等都是需要预算的内容。预算时要充分评估会议规模和参会人员数量，将预算做充足。

2. 发会议通知

在确定会议的具体时间和内容后，尽快制作正式的会议通知，以便参会人员安排行程。通知内容包括会议时间、地点、住宿安排、会议大致日程、参会人员食宿费是否自理等。

3. 参会人员确定

和会议筹备的相关人员确定参会名单，对所有参会人员进行电话联络，做好会议通讯录。电话联系相对于短信联系的重要优势，除了更直接，还可以核实参会人员性别，以便合理安排住宿。

4. 参会人员行程

同所有参会人员取得联系后，尽快确定行程信息，需要安排接送的重要嘉宾的往返飞机票及火车票的详细信息，以便提前安排。

5. 安排住宿、接送

根据会议级别、预算和住宿标准，确定参会人员住单间还是合住，计算需要的房间数，同时预留出一部分房间，以便应付特殊情况。

根据实际情况确定对参会人员是否接送，如果条件不允许，可以不安排接送站，但有些存在特殊情况的参会人员，例如年事较高等，需要特殊安排。

6. 协调会议室、布置会议室

准备电脑、幻灯、话筒、录音笔、相机，协调摄影摄像人员，根据会议预算确定是否设置茶歇等。

7. 餐饮

根据会议的餐饮标准，确定用餐人数、用餐时间，并确定是否需要提前制作餐券；如果有少数民族人员参会，还应注意饮食习惯。

8. 制作会议资料

制作胸牌、代表手册等，图7-2和图7-3为代表手册封面和结构的参考。重要的参会人员或演讲嘉宾制作VIP胸牌。

```
        ××会议
        代表手册

    主办单位
    承办单位
    时间
    地点
```

图7-2　代表手册封面举例

```
┌─────────────────────────────┐
│ 目录                        │
│ 出版机构简介                │
│ 导言                        │
│ 会议日程（参见表7-2）       │
│ 会务指南                    │
│ （有无接站，酒店，住房联系  │
│ 人，餐饮情况，周边交通等）  │
│ 其他相关资料                │
└─────────────────────────────┘
```

图7-3 代表手册结构举例

表7-2 会议日程安排举例

日期	内容	地点	主持人
×月×日	全天报到		会务组
×月×日	晚餐：6:00—8:00 PM		会务组
×月×日	早餐：6:00—8:00 AM		会务组
×月×日	开幕式：8:00—8:30 AM		×××
×月×日	会议议程： 1. 2. ……		×××
×月×日	闭幕式：5:00—5:30 PM		×××
×月×日	撤会		会务组

第七章 会务工作——接待协调能力

9. 发言及相关仪式

重要仪式，例如启动式、颁奖仪式等，建议彩排，如果有相关的视频素材，最好在会场提前试播。

如果有需要在会场大银幕上播放的视频或展示的图片，需要询问清楚荧幕的具体尺寸、分辨率等，以便设计。

10. 安排报到处人员

包括引导员、注册人员等。会议资料装袋，提前布置接待处。

还要确定重要参会人员讲话是否需要提供发言稿素材。

会议的前期准备工作较为繁琐，开会前也通常是最忙碌的时候，将会前准备尽可能做充足，可以最大限度地保证会议顺利召开。

二、办会当天及会后注意事项

（一）会议当天

经过细致充分的会前准备，外地专家已入住，会场基本准备完毕，在会议当天还应注意：

1. 接待

注意本地代表的报到，包括会议资料领取和会场引导等。

2. 会场

注意会议记录、拍照、重要讲话录音。

3. 用餐

注意用餐的时间，如果会议进程较慢，还需要对用餐时间做适当调整。

（二）会后

做好会议记录，会后写会议纪要。及时完成相关新闻稿和微信推送文章。有时可以将新闻稿和推送文章的草稿预先写好，会后修改补充便可发布，以提高效率。

第八章　图书的宣传推广——全程营销能力

编辑的任务不仅是出书,还要使我们的书让更多的人看到,营销不完全是销售部门的工作,"全程营销"的概念要贯穿我们的整个工作中。当然,我们不是专业的销售人员,我们的营销属于"学术营销"。

第一节　新书发布会

新书发布会是科技图书最常见的营销模式,也是最有效的推广途径,大部分图书在发布会的当月,销售量会有明显的增长,大部分畅销学术专著的作者,会举办新书发布会(图 8-1,图 8-2)。

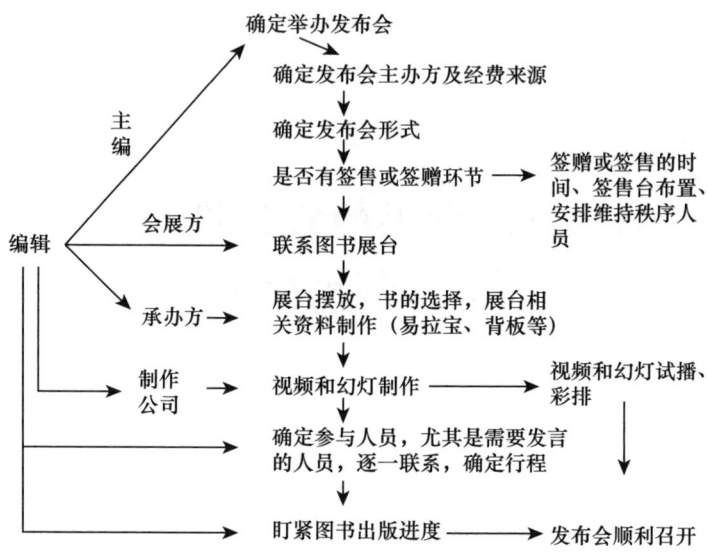

图 8-1　新书发布会的基本筹备流程

图 8-2　图书发布会现场

一、目的

1. 告知目标读者新书出版

发布会可以增加新书出版的仪式感,同时通过专业会议,向目标人群告知新书出版,宣传更有目的性。

2. 加强和作者的联系

通过发布会的准备,可以增加同作者的联系和了解,帮助作者推广新书,增进感情。

3. 挖掘新作者

发布会上会有不少相关专业的人士参会,其中不乏有潜质的新作者,编辑可以在发布会上多和参会人员沟通,发掘出新的作者。

二、准备工作

1. 确定举办

除了确定是否举办发布会,还应确认经费等问题。

2. 确定时间和地点

发布会最好借助学术活动现场,既便于组织,又更能吸引目标读者。

3. 确定发布会形式

包括时间长短、大致流程等。科技图书的新书发布会时间一般不长,半小时左右,内容主要包括作者及相关专家发言，介绍图书内容特点及编写背景等。

4. 确定是否有签售或签赠环节

在相关学术会议上举办新书发布会，到场的大部分是相关专业的人，可以举办签售、签赠或有奖赠书等活动，增加参与人员的积极性，更好地推广图书（图8-3）。

图8-3 某学术活动中新书签赠的现场

5. 展台的联系

新书发布会通常要配合图书销售，售书的展位（图8-4）需要与相关会议主办方接洽。

图8-4 2014年美国纽约书展人民卫生出版社展台

6. 展台摆放、书的选择、相关资料制作

联系好售书展位后,需要配合销售人员布置展台,根据需要制作展台背板、发布会易拉宝、相关图书宣传册等(图8-5、图8-6、图8-7)。

图 8-5　图书销售展台一角

图 8-6　图书宣传易拉宝

图 8-7　美国某学术活动,人民卫生出版社美国分公司图书销售处

7. 视频和幻灯制作

通常发布会要播放图书首发相关视频、幻灯，用来介绍图书特点、编写经过、感谢相关人员等。如果有需要在会场大银幕上播放的视频或展示的图片，需要询问清楚屏幕的具体尺寸、分辨率等，方便设计。

8. 确定参与人员

尤其是需要发言的人员，要逐一联系，确定行程。

9. 盯紧图书出版进度

最重要的一点是盯紧出版进度，保证图书在发布会以前按时并保证质量地出版。

三、现场工作

如同第六章提到的会务工作，发布会前的准备工作也是最为重要的环节，所有准备工作到位后，发布会现场还应注意如下问题。

（1）提前熟悉发布会流程及场地，确认流程是否需要做适当调整。

（2）提前联络参会人员，再次确认是否到会。

（3）提前做好微信推送或新闻稿，待发布会后补充相应图片和内容即可推送。

（4）其他具体工作，如视频幻灯的试播等。

第二节　配合相关学术活动

一、继续教育及培训班

学术专著的出版目的是传播知识和技能，提高临床医生的实际应用能力，学术专著的出版对提高医学教育水平有促进作用。

目前一些继续教育班都有自己的学习资料，但很多学习班的学习资料未经出版，因此内容尚不成体系，且编校质量没有保障，有些学习资料直接是讲课教师的讲课幻灯打印件。医师在参与学习班的时候，没有合适的学习资料。

很多学习班的负责人，在学习班举办比较成熟后，都有出版意愿。

将学术专著出版与继续教育相结合有以下优势：

（1）继续教育促进学术专著成稿；
（2）培养新作者；
（3）随时发现纠正书中错误；
（4）便于更新再版；
（5）检验学术专著，搜集反馈；
（6）培训班负责人通常是相关专业较有影响力的专家，可以保证编写团队。

图书策划出版和培训结合存在一些值得注意的问题，比如容易形成急件，因为要赶在相关培训班开班前出版。

二、相关学术会议

在相关学术会议上做图书宣传,除了首发式的形式,如果有机会,编辑还可以做相关的发言和报告,向作者介绍相关编写要求的同时,还可以对新书及所在的出版团队进行宣传(图8-8)。

图8-8　相关学术活动发言

第三节　微信及自媒体

如今,微信、微博等自媒体发展迅速,很多消息都是通过自媒体迅速发酵的,因此,充分利用自己微信的朋友圈、官方公众号,或借助其他公众号,比如作者的公众号、相关学会的公众号等,可以对图书宣传起到重要的辅助作用。

一、微信及自媒体宣传的优势及问题

1. 优势

（1）成本低：个人的微信朋友圈发送消息是免费的，申请公众号或订阅号的费用也远比举行发布会的相关营销活动要低得多，因此，低成本是微信及自媒体宣传一个重要优势。

（2）传播便利：微信的转发不需要任何费用，一条受欢迎的消息会迅速传播，因此微信及自媒体的传播便利且迅速。

2. 问题

（1）正因为微信公众号的成本低，传播便利，因此相关公众号众多，各类推送文章繁多，很多用户在关注一个公众号后，几乎从不看其中的文章，或关注后又取消关注。如何提高公众号的吸引力，维持住公众号的关注人群并使关注人数持续增长，是微信公众号宣传需要面对的重要问题。更具目标人群的特点、固定推送周期、设计好文案内容、选好一天之内推送的时间点，这些都会对公众号的宣传效果有所帮助。

（2）微信公众号会占用很大精力，如何平衡图书出版和微信宣传的时间和精力分配，是很重要的，也是需要一定时间摸索的。

二、微信及自媒体宣传需要考虑及处理的问题

1. 推送时间

要把握好推送的时间和推送周期，时间间隔太长有可能

会使用户取消关注；推送间隔太短会占用大量精力，且如果推送内容不吸引人，也有可能引起用户反感而取消关注。

目前我们"人卫眼科"公众号发布推文的时间一般为下午五点以后，因为医生们很辛苦，工作时间长，经常加班，五点后为晚饭时间，现在人们有吃饭时看手机的习惯，因此五点以后发送推文并转发，容易引起更多关注。

2. 文案写作

文案的篇幅、形式、配图、排版、用色等，都是需要考虑的问题，想做出一篇好的推送文案，是很需要动脑筋、花精力的。

3. 处理读者反馈

读者反馈和留言要尽量回复，这也是维护用户数量，防止被取消关注的重要方法。充分利用读者留言也可以帮助我们搜集图书的阅读反馈，帮助我们提高图书编写质量。

4. 重视内容审读

相关部门加大了对微信等自媒体的监管力度，要更加重视文案内容的书写及审读。

第三部分
新技术及新进展

电子信息技术、数据分析技术、人工智能技术等新技术的发展正在改变着出版业,本部分将就以下内容,为新编辑们做简要介绍。

3D学术专著

裸眼3D数字化转化

数据分析在选题策划中的应用

开放获取

虚拟仿真技术(VR)的应用

第九章 数字化与3D出版——学习创新能力

第一节 数字出版

随着电子信息技术以及互联网的发展,信息传播手段逐渐多样化,阅读习惯随之发生改变,内容的呈现形式也由传统的纸质书变为数字化产品,甚至更加多样的形式。数字出版不仅是图书形式的数字化、阅读载体的电子化,也不局限于电子书和APP,更多新型产品,如在线阅读、各种数字化平台同样是数字出版的重要方式。

一、数字出版的趋势

(一)读者阅读习惯的转变

技术的改变源于需求,传统图书内容的展现形式也随着人们阅读习惯的改变而变化。据人民卫生出版社美国公司编辑介绍，医生中完整阅读一本学术书籍的人逐渐减少，除电子书、在线阅读外，更多的是通过数字化资源平台进行搜索、交流和咨询。

(二) 美国在线数字资源现状

美国有一些公司提供图书内容在线化服务。例如，Ingram公司为图书出版公司提供各种电子书服务，包括将电子图书放入在线图书浏览资源、在线图书馆等。

应用最广泛的医学在线资源库为 UpToDate 数据平台，这是一个以证据为基础，为医生—作者提供临床决策支持资源的平台。近200个国家的100多万临床医生，以及几乎90%美国本土的医学院都在使用。平台汇集了数千名世界知名医生、编辑和同行审稿专家，通过严密的流程形成最新的、可信的、以证据为基础的建议，用以提高患者诊治质量。平台涉及多个主题，针对不同对象，包括私人诊所、医院的医师、护理人员、患者等，针对不同的对象有不同的主题，同时也可直接发邮件联系平台的服务人员，获得个性化的诊疗建议。这种数据及交流平台也是数字出版的重要组成部分，由知识、提供建议的人以及维护和沟通的人员构成。

二、数字出版中需要注意的问题

尽管数字资源平台将成为未来出版发展的一个方向，但目前大部分数字出版仍然建立在纸质出版物的基础上，部分产品是纸质书的单纯格式转化，因为这种形式更容易实现，运作数字平台或开发完全脱离纸质图书的数字产品难度较大。除了技术问题,时间、资金投入、人力分配以及预期收益等都是导致数字产品开发困难的原因。

在设计数字产品时,需要注意以下问题。

(一) 由内容设计转化为立体设计

1. 素材形式区别不同专业适用性

举例来讲,根据不同学科特点与规范,多张分图的摆放形式相对纸质教材有所不同,例如图集、隐藏画廊形式。

2. 素材内容理清不同层次读者的需求

读者水平不同,采取的形式、扩展的内容也不尽相同。可以使用动画讲解枯燥的机制类知识点,提高学生的学习兴趣并易于理解;可以增加基础技能操作视频,通过模拟临床情境,为学生建立直观印象。

3. 控制素材制作成本

与纸质图书相比,数字素材制作成本较高,成百上千的素材制作费叠加后对于成本及定价的影响更加显著。素材选择及制作的性价比是策划过程中应留意的。

4. 考虑传播难易度

纸质教材为印刷品,而目前数字教材的使用方式多为App下载,软件大小是否能适应于不同条件的终端设备。如盲目增加素材数量,虽丰富了教材内容,但文件过大,便携式电子设备不易下载且阅读时打开缓慢,并不利于读者使用的积极性。

（二）工作模式为多部门、多单位合作

传统出版工作模式中编辑多与传统排版人员合作，加工稿件后转入生产部门排版、印制；而在数字产品中合作部门有所变化，首要即是与数字技术编辑协同工作。数字技术编辑负责平台搭建、数据处理等技术问题；专业编辑则负责前期策划、田间管理、内容加工审读等。双方通力合作，保持互动，方能搭建内容与技术之间的桥梁。此外，在传统出版中极少接触的动画制作公司、视频制作公司、电子书排版公司甚至各院校电子中心等新的多部门及单位在数字产品建设过程均为编辑和出版社的合作对象。①

（三）审稿重点为多媒体素材，多重内容审稿＋稿件资源调配

数字产品的审稿工作相比纸质教材更为复杂。首先，审稿时不仅仅是文字是否准确，是否合适，知识点设置是否合适，更要检查视频、动画、音频等各种多媒体素材细节的准确性与科学性，一个素材常含多种元素，需反复审读。其次，审稿中编辑需增强主观能动性，做好把关人，在前期设计的基础上，对教材全部素材全盘掌握了解后，酌情对内容进行

---

① 王璐：《浅谈教材数字转型建设之"变"与"不变"》，载《科技与出版》2016年第3期，第86—88页。

进一步筛选以及拆分重组，处理好每种教材素材内容重复以及全套教材间的交叉联系，为作者提出更多数字教材可实现的功能建议。

第二节 3D 出版

人类进入了 3D 信息化时代，立体视觉是人类一种高级视功能，是双眼观察景物能分辨物体远近形态的感觉，以及感知物体立体形状及不同物体相互远近关系的能力。3D 出版因为更形象、更直观等优点，受到越来越多的重视。我们编辑部出版了多部 3D 学术专著，包括《立体视觉检查图》《立体眼底病图谱》《耳显微外科立体手术图谱》《耳外科立体解剖图谱》等。由于眼耳鼻喉科知识传播对立体效果的特殊要求，上述几本 3D 学术出版物在出版以后引起了很好的反响。

目前 3D 出版物主要有如下几个种类：（1）立体纸雕、折纸立体书，例如许多儿童读物；（2）佩戴辅助眼镜的立体书，例如佩戴红蓝眼镜、偏光眼镜、凸透镜等辅助眼镜，通过拍摄左右两张图片，借助辅助眼镜，在观察时使左右两幅图融合，产生立体效果；（3）裸眼观察的立体书，将两层或多层图片直接印刷在光栅版上，借助光栅的立体性显示出立体效果，这种印刷物不需要立体眼镜，裸眼观察即可，例如很多酒的防伪标志。

一、立体印刷产品的主要类型

立体出版物，即通过辅助眼镜或特殊印刷媒介，使印刷物产生立体效果的印刷品，主要分为两类，一类是纸质印刷，通过立体相机拍摄两张可融合的图片，辅助立体眼镜产生立体的观察效果；另一种是直接印刷在光栅上，裸眼即可看到立体效果。

1. 纸质印刷产品——需辅助立体眼镜

有立体效果的印刷物，最常见也是技术上相对简单的一种，是印刷在传统纸张上，通过两张不同角度或颜色的图片，佩戴辅助眼镜来显示立体结果。辅助眼镜可以是红蓝眼镜，即一眼为红色镜片，另一眼为蓝色镜片[1]；也可以是用立体相机分别偏角拍摄两张图片，配以双眼度数相等的凸透镜，产生立体效果[2]。

例如人民卫生出版社2016年出版的《立体眼底病图谱》[3]，用眼底相机偏角拍摄眼底立体彩色像，在双眼+10D（或+5D）透镜的帮助下，显示眼底疾病的立体图像，观察疾病或解剖的立体结构（图9-1）。

---

[1] 彭滨：《3D立体摄影：基础知识拍摄制作后期处理》，杭州：浙江摄影出版社2013年版。

[2] 彭滨：《3D立体摄影：基础知识拍摄制作后期处理》，杭州：浙江摄影出版社2013年版。

[3] 闵寒毅：《立体眼底病图谱》，北京：人民卫生出版社2015年版。

第九章 数字化与3D出版——学习创新能力

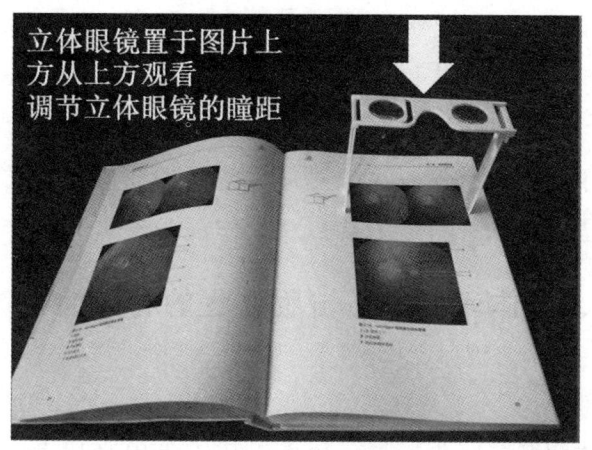

图9-1 立体图谱的观察方法

2. 光栅印刷品——裸眼观察

另一种立体印刷品，应用现代数字化柱镜光栅自由显示技术为载体，将电脑绘制的立体叠加图直接印刷在光栅上，裸眼即可直接看到立体效果，可从辅助眼镜中解放出来，但技术难度较大（图9-2）。

图9-2 光栅印刷机

例如人民卫生出版社2016年出版的《立体视觉检查图》（第3版），应用随机点立体图对（random-dot stereogram, RDS）绘图，因它没有单眼线索，能够智能客观地检查立体视，是眼科相关疾病，以及对需要锐敏的立体视觉功能的从业人员进行检测的重要工具[①]。

二、立体印刷产品出版过程的特殊性

1. 未知问题多

立体印刷品并非新鲜事物，但在学术出版物中应用得很少，且在技术方面有很大的探索和提升空间，尤其是光栅印刷，虽然市面上有很多光栅印刷的立体产品，例如酒的防伪标、立体的风景图等，但精度通常不高，几百甚至上千秒的精度即可达到立体效果（"秒"为弧度单位，数值越小，精度越高），而真正用于眼科检查，尤其是对立体式精度要求高的职业从业人员检查的精度，要达到几十秒，因此在制作过程中遇到很多前所未有的问题和困难。

2. 咨询对象少

由于医学学术专著的图片对印刷效果的要求高，而立体印刷的学术专著又很少，积累的经验不多，在遇到问题的时候可以咨询和查阅的资料更少，很多问题甚至作者本人也没有解决方案，因此大多时候需要编辑反复和各相关人士沟通解决。

---

① 颜少明：《立体视觉检查图》，北京：人民卫生出版社2016年版。

3. 生产周期长

正因为存在上述问题，立体印刷品从筹备到印刷，在绘图、印刷及观看效果等方面会遇到各种各样的困难，通常这种印刷品的生产周期大大长于传统印刷品，有时需要历时数年方能出版。

三、立体印刷产品生产相关部门和人员协作的特殊性

1. 与作者的学习配合

作者是学术专著的创造者，也是创新的核心，是克服困难、最终将初稿呈现在出版社面前的人。因此面对作者，首先要充分了解作者在创造过程中的困难以及需求，尽可能地学习相关的知识，使沟通更加顺畅，并尽量建立起与作者互相理解与信任的合作关系。

2. 与助手的交流合作

助手通常和作者一起参与整个创造过程，对有些具体的实施方法，甚至比作者本人更了解，因此和助手保持联系和良好关系至关重要，有时编辑要和助手共同面对一些未知技术困难（图9-3）。

例如前文提到的《立体视觉检查图》（第3版），笔者和作者的助手亲自到印刷厂监督印刷，通过反复试印、调整、再试印的过程，充分了解这一出版物的技术困难，同时也体会到作者和助手此前十多次试印的辛苦（图9-4）。此次监

督印刷后，笔者在整个产品的生产过程中也与作者有了更好的配合度。

图 9-3 作者的助手在印刷厂

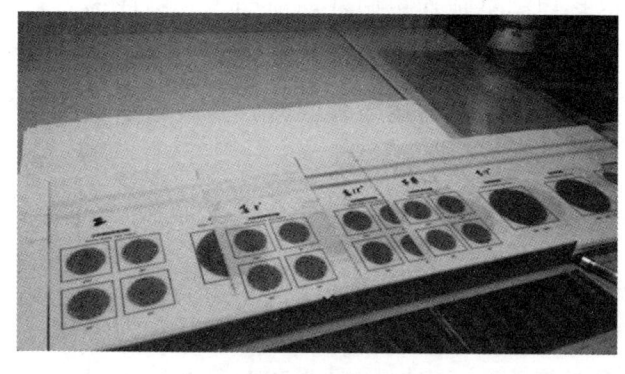

图 9-4 对印刷后的成品进行质检和挑选

3. 对生产厂商的评估与协商

立体产品生产过程的一个特点，就是除了常规的排版印刷部门，还会有一个立体产品的生产部门，对于《立体视觉检查图》来说，是光栅印刷的印刷厂，对于《立体眼底病图谱》来说，是立体眼镜的生产厂。

正如前文提到，《立体视觉检查图》的印刷过程非常曲折，《立体视觉检查图》的作者在筹备初期，就联系了三四家不同的光栅印刷厂，反复打样了十多次，还经历了中途换印刷厂的插曲。由于《立体视觉检查图》和常规的立体印刷品不同，精度为国际领先，印刷难度高，成品率很低。再如《立体眼底病图谱》辅助眼镜的生产，在此过程中，编辑的一个重要工作是判断产品是否合格，同时评估生产厂商是否具备生产该产品的能力，并加以选择。

4. 做好与生产部门的桥梁作用

由于涉及其他生产厂商，出版社生产部门的工作也不同于常规流程，需要额外签订生产合同，联系生产厂商，确认报价、产品合格的依据、收货方式等。这时编辑会比出版社的生产部门与生产厂商的接触更密切，编辑将扮演更多的桥梁角色，才能使产品顺利进入生产过程。

5. 加强与法务部门的咨询

由于涉及额外生产合同，因此需要反复与法务部沟通，确认合同的严密性和合理性。比如《立体视觉检查图》的验收并无客观指标，我们挑选作者、出版社、印刷厂同时认可的两套合格品，签字确认，并作为合同的附件封存。

6. 加强与销售部门的协作与沟通

由于产品新，销售渠道不同于常规的实体书店和网店，尤其是《立体视觉检查图》，需要寻找合适的代理商，定向投放市场。此时编辑本身会比销售部门更了解代理商的情况,因此此类图书编辑与传统图书编辑相比,要更多地参与到产品的营销过程中,与销售部门的合作也会更密切,需要沟通商议的问题会更多。

7. 注意与代理经销商的谈判并充分理解对方立场

因涉及经销商,所以编辑需要更多承担与销售部门和经销厂商之间的沟通工作。同时,经销厂商也会对产品的需求量、报价给予一定的建议。

由于所处的立场不同,在谈判时各方都会尽量为自己争取利益,但立体产品的代理存在特殊性,而且有些产品的代理商,同时也是产品的研发方,因此在沟通相关问题时,需要更多的互相理解甚至让步。

第三节 3D 精品学术专著数字化转化

随着数字化的推进,将 3D 精品学术专著数字化的需求越发强烈,人民卫生出版社拟同电子音像公司开发裸眼 3D 相关产品,前期调研的相关内容也在本节中加以总结。本节所探讨的是数字化裸眼 3D,为通过裸眼 3D 阅读器,显示出"深度觉"。目前市场上的 3D 解剖软件,立体性体现在模型的旋转,解剖层次的层层显示,和本节所讨论的裸眼 3D 属于不同产品,故不在讨论范围。

第九章 数字化与3D出版——学习创新能力

一、3D学术专著出版背景

人民卫生出版社出版的3D学术专著主要分为检查工具和学术专著两类。

1. 立体视觉检查工具

很多职业需要敏锐的立体视觉,例如飞行员、精密仪器操作人员、显微外科手术医师等。所有3D的影像视频都需要正常、健康的立体视觉功能,因此,通过标准化的3D影像,可以对立体视觉功能进行评估。立体视觉检查对于双眼视功能异常、屈光不正及部分眼部疾病的诊断,以及治疗效果的评价有重要作用[①]。

立体视觉检查工具的主要发展过程如下:

(1) Titmus立体视觉检查图是第一代的立体式检查工具,可定量检查立体式锐度,但需要佩戴偏振眼镜(图9-5)。

图9-5 Titmus立体视觉检查图

---

① 颜少明:《立体视觉检查图》,北京:人民卫生出版社2016年版。

（2）随几点立体视觉检查图是第二代，包括多种产品，需要佩戴红蓝眼镜、偏振眼镜、或不戴眼镜检查（图9-6）。

图9-6 三种随机点立体视觉检查图

（3）第三代立体视觉检查图即我社2016年出版的《立体视觉检查图》（第3版），为裸眼的立体视觉检查工具，不要佩戴辅助眼镜（图9-7）。

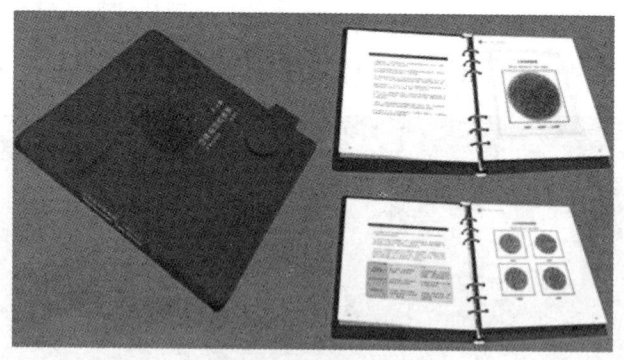

图9-7 立体视觉检查图（第3版）

2. 立体图谱

很多职业需要敏锐的立体视觉；眼科、耳鼻喉科的疾病及手术，需要模拟立体效果以观察组织器官之间"深度"关系，增加从业者的感性认识。因此人民卫生出版社出版了几部立体图谱，如《立体眼底病图谱》《耳显微外科立体手术图谱》《耳外科立体解剖图谱》等，通过佩戴辅助眼镜（9D的凸透镜）观察疾病或解剖的立体结构。

二、3D出版的数字化趋势

立体印刷物存在纸质容量少，印刷难度大等问题，目前3D产业正向数字化发展。

通过对普通的手机、平板等阅读器增加3D电子光栅板，或表面贴膜，可以制作成为裸眼3D阅读器，实现3D裸眼数字化。

裸眼3D数字化后，某些检查工具，如色觉检查，原纸质印刷的色觉检查图无法定量，数字化后可解决定量检查的问题（即对色盲的程度进行量化）。因此，裸眼3D数字资源等立体视检查、科学研究、弱视训练等领域都有较大的应用前景。

三、3D出版的数字化需求

由于纸质立体印刷物存在内容容量有限、印刷难度大、内容呈现手段单一等问题，3D产业有数字化发展趋势。数字化出版容量大、资源种类丰富，对纸质出版有很好的提升效果。

目前，眼科多家医疗器材企业相继开展3D手术系统，即脱离显微镜,将手术视野呈现在显示器上,通过佩戴立体眼镜进行手术操作。随着3D手术系统的推广,数字化3D手术视频的出版需求也会随之增加。

通过对普通的手机、平板等阅读器增加3D电子光栅板,或表面做特殊的贴膜处理,可以制作成为裸眼3D阅读器,实现3D裸眼数字化。

除了上述3D手术视频,裸眼3D数字化的发展,在色觉检查、立体视检查、科学研究、弱视训练等领域都有较大的应用前景。

四、3D数字化的优势

1. 携带方便、便于查阅

电子阅读器较纸质图书小巧、轻薄,可随身携带,且数字化后的图书通过关键词搜索相应内容比纸质书方便得多,因此便于临床医师随时查阅使用。

2. 内容容量大、呈现形式更丰富

数字化产品容量更大,可以在一个阅读器中拷入多本电子图书;除了增加更多的文本、图片,还可实现视频、动画等多媒体资源等,可以用更多的表现形式,承载更丰富的内容。

3. 可更新或扩充

数字化后的内容可更新,比如付费下载更新后的资源。相对于纸质出版物五年左右的再版周期,数字化后读者可以更迅速地获取最新的知识。

4．多视点，立体效果更佳

目前的立体图谱为左右两张图拼图，通过辅助眼镜观察，可融合成一张图，称为"双视点"。数字化后的立体图像可实现多视点，即从多个不同角度拍摄多张图片，通过技术软件合成一张立体图，较两张图合成的立体图效果更佳。不仅如此，目前两张图片合成的立体图必须要在正前方观看，偏位后立体效果受影响，多视点合成后的立体图，偏位观看也不影响立体效果。

5．可定量

受油墨印刷的色彩精细程度影响，一些眼科检查工具，如色觉检查，原纸质印刷的色觉检查图无法定量检查，即只能判断是否有色盲或色弱，无法对色盲或色弱的程度进行定量评估。裸眼3D产品数字化后，检查图色块的色度可以更为精细，可解决定量检查的问题，即对色盲或色弱的程度进行量化，可更好地对疾病或功能异常的程度进行评估。

五、困难与挑战

1．成本、盈利与市场投放

前文已提到，裸眼3D阅读器的成本也应考虑。同时如何投放市场，营销模式和传统图书甚至普通数字出版产品完全不同，而是类似于医疗器械的营销模式。如何营销是此类产品的难点之一，需要一定的时间和精力来摸索。

2. 硬件维护

如果裸眼3D阅读器是产品的一部分，还要对用户的硬件进行维护，保修期、保修范围都需要考虑在内。同时需要有专门负责硬件维修的售后人员或部门。

3. 资源更新

数字资源的一大优势是可以更新，资源如何更新、更新的频率和更新的收费标准也需要提前规划。需要及时联系作者更新，也需要有特定人员负责更新资源的审读、上传等。

六、展望

尽管3D裸眼数字化仍处于尝试阶段，但信息化社会的技术发展快，3D裸眼数字化的普及可能指日可待，待裸眼3D普及之后，裸眼3D手机或平板成为普及性产品，还可继续开发裸眼3D网络化，即直接网络下载相关资源。总之，随着时代的发展，3D技术在出版行业将有越来越广阔的应用前景。

第四节　3D数字化产品设计过程中需要考虑的问题

一、立体设计

数字出版因其多样化的素材使内容变得更丰富，同时需要多层级、多维度、多关系下的内容建设。在数字化的过程中，我们主要有如下考虑：

1. 专业适用性

立体视觉检查在眼科的临床应用中，对于双眼视功能异常、屈光不正、眼部疾病诊疗效果的评价具有重要作用。

很多职业，如飞行员、司机、特种兵、显微外科医生等人群，需要敏锐的立体视觉；很多疾病，例如眼科、耳鼻喉科疾病，其手术都是在显微镜下操作，需要模拟纤维镜下立体效果以观察组织器官之间的"深度"关系，增加从业者的感性认识。

纸质平面出版不能满足对于这种"深度"关系的要求，因此眼科、耳鼻喉科等学科都对3D出版有着较大的需求。不仅需要纸质的3D出版物，也需要内容更丰富、表现手法更多样的数字化3D产品。

2. 读者或用户的需求

基于调研和分析，眼科裸眼3D主要有以下两种需求：

（1）检查用：用于立体视觉检查、色盲检查、近视力检查等。此类需求的主要特点为，标准化要求高，图片需要与阅读器的相关参数匹配，同时对屏幕参数有明确要求。因此，针对此类需求的产品需要标准化的阅读器，即裸眼3D阅读器是产品的一部分。

（2）学习用：疾病图片库、手术、解剖图片及视频等，对阅读器的要求相对宽松，产品可做成APP，读者自行购买其他裸眼3D手机，付费下载内容即可。

综上所述，如果眼科开发裸眼3D数字化产品，可以考虑将以上两种需求分开实现。

3. 成本

与纸质出版相比，数字出版的制作成本较高，尤其3D出版的数字化，通常需要配备专门的裸眼3D阅读器，因此在阅读器品种的选择、生产数量的确定、素材制作等过程中，性价比是策划过程中应留意的。

4. 传播难易度

基于以上两种需求，眼科裸眼3D产品的传播途径主要有两种，即购买包含阅读器的标准化检查产品，或自行购买阅读器后下载相应的APP。前者传播难度明显高于后者。

二、资源及内容

3D出版需要对同一视野进行两个或两个以上角度的拍摄，因此图像或视频的拍摄方法和传统出版不同。

数字出版形式多种多样，并不局限于图片、视频。内容的容量、如何设计内容及资源、如何设置导航和链接等，都是需要充分考虑的问题。为便于使用和理解，是否需要配纸质说明，也是内容设计的时候需要考虑的问题。[①]

三、生产过程

不同于纸质出版，数字化生产没有印刷过程，生产过程

[①] 王璐：《浅谈教材数字转型建设之"变"与"不变"》，载《科技与出版》2016年第3期，第86—88页。

主要为3D阅读器生产，图片、视频等内容导入等。

四、工作模式

传统出版工作模式中编辑多与传统排版人员合作，加工稿件后转入生产部门排版、印制；而在数字化出版中合作部门有所变化，首要即是与数字技术编辑协同工作。数字技术编辑负责平台搭建或APP开发、数据处理等技术问题；专业编辑则负责前期策划、田间管理、内容加工审读等。此外，在传统出版中极少接触的裸眼3D阅读器生产厂，在数字化出版的过程均为编辑和出版社的合作对象。

五、内容审读

不仅仅要审读文字是否准确，是否合适，更要检查视频、图片等素材细节的准确性与科学性。同时，编辑需要具备正常的立体视觉，对内容的立体效果进行审读，对于立体效果不佳的图片和视频，还需判断是左右两眼分别拍摄的图片或视频对位不佳[1]、左右眼放置反了[2]，还是其他问题。分析原因后，编辑还需要判断，此类问题通过调整后即可解决，还是需要作者重新拍摄素材。

---

[1] 李海凌：《做有"深度"的学术专著，做有"高度"的学术出版人——立体印刷物出版手记》，载《科技与出版》2016年第3期，第44—46页。

[2] 刘红霞：《3D医学手术图谱：科技出版创新——〈耳显微外科立体手术图谱〉出版心得》，载《科技与出版》2011年第2期，第21—22页。

第十章　新技术与新进展——与时俱进的能力

第一节　数据资源的应用

随着出版行业的发展，竞争日渐激烈，作为新时代的编辑，已经不能局限于常规的编辑业务，我们的知识需要更多元化，市场分析和选题评估也应更谨慎。传统的工作模式中，经验起了很重要的作用，随着数据价值的逐渐凸显，量化思维以及基于数据的决策（本节简称"数据决策"）会逐渐地影响我们的思维方式和工作模式[①]。

提到数据分析，多数非数学或相关专业出身的人会认为很高深，离自己很远，但"大数据"对各个行业发展的影响并不局限在技术方面，而更多的是思考方式。如果能在日常工作中时常融入大数据思维，数据可以为我们的工作提供不少帮助。

---

① 李海凌：《大数据时代医学出版的选题策划》，载《中国编辑》2014年第4期，第43—44页。

本节通过对书名的词频统计结果进行简要分析,就医学出版中基于数据分析的决策进行了思考和初步尝试。

一、医学出版中数据决策的可行性及必要性

(一) 医学出版对数据分析的需求

出版行业已经进入快速发展期,图书品种逐年上涨,竞争日渐激烈,对单品种效益的要求也越来越高,因此提高效率越来越重要。

《证析》一书的作者在书中提到,事件从发生到决策的最终落实,价值随时间的推移而有所损失,时间越长,价值损失越多[1]。为了提高图书品种的社会效益和经济效益,需要更准确地定位图书的内容和编写形式,例如哪类图书在目标读者群中需求量大,怎样设计和定位图书才能满足读者的需求等,需要更多的数据为选题策划提供依据和启发。此时,基于数据的分析,会帮助我们找出更多信息之间的相互关系,从而为精确策划和市场定位提供支持和帮助。

(二) 大数据在其他领域的应用现状[2]

国内外很多机构、企业已经将大数据应用到日常业务当

---

[1] 郑毅:《证析——大数据与基于证据的决策》,北京:华夏出版社 2012 年版。

[2] 维克托·迈尔-施恩伯格、肯尼思·库克耶:《大数据时代:生活、工作与思维的大变革》,盛杨燕、周涛译,杭州:浙江人民出版社 2012 年版;Tony Hey、Stewart Tansley、Kristin Tolle:《第四范式:数据密集型科学发现》,潘教峰、张晓琳等译,北京:科学出版社 2012 年版。

中。例如：

金融领域：加拿大银行用大数据分析并跟踪了宏观经济的变化；建设银行北京分行应用大数据分析，寻找优质的小微型企业；中国银行已经有了专门研究大数据的小组；民生银行也开发了小微金融数字地图平台等。

商业领域：日本先进工业技术研究所通过对驾驶人坐姿的数据分析，研制出了通过压力识别乘坐者身份的防盗系统。沃尔玛通过数据分析发现，在台风到来的日子里，把蛋挞和手电筒放在一起，可以增加销量，这是一个通过数据分析发掘消费者需求的典型案例。

流行病学领域：谷歌公司通过对检索词条的分析，提前几周时间预测出了甲型 H1N1 流感的爆发，并将文章发表于自然（Nature）杂志。

二、数据决策在选题策划中应用的尝试——词频统计及分析

（一）对临床医学全行业的图书书名进行词频统计和分析

1. 步骤及结果

（1）词频统计

首先，对临床医学相关所有学科的总在销书进行词频统计：我们登陆开卷系统后，导出了某一个月临床医学各个亚专业，包括 17 个细分专业，每个亚专业的零售前 500 名图

书,或本月有销量的图书(该学科有销量的图书不满500本),对书名进行词频统计,得出临床医学在销图书书名中出现的高频词汇,结果见表10-1。

然后,对临床医学相关所有学科的畅销书进行词频统计:为了降低学科发展不平衡以及学科从业人数不均导致的销量差异,我们没有统计整个临床医学的畅销书排行,改为将每个细分专业本月排行前30名的图书信息汇总,将汇总后的信息作为各学科的畅销书,对书名进行词频统计,得出本月各学科畅销书书名中出现的高频词汇,结果见表10-2。

表10-1 临床医学在销图书词频统计

词语	在销书词频
临床	1467
手册	852
丛书	633
实用	477
图谱	380
指南	373
图解	150
培训	130
教程	78
职业	25

表10-2 临床医学畅销图书词频统计

词语	畅销书词频
手册	104
临床	104
实用	45
指南	36
图谱	27
丛书	27
图解	24
教程	20
培训	19
职业	17

(2)畅销率的计算

通过上述的结果,我们看出,"临床"和"手册"在临床医学全部在销书和畅销书中出现的频率较高,但对于表中的其他信息,似乎提示性并不明显,于是,我们需要进一步的分析,并通过绘图的方式,使数据可视化。考虑到某类图书总品种数量对畅销书数量的影响较大,我们将一个词在畅销书中的词频除以全学科的词频,将其定义为"畅销率",并将结果按从高到低的顺序排序,详见表10-3。

表10-3 高频词汇的畅销率

	临床医学全学科词频	畅销书词频	畅销率
职业	25	17	0.68
教程	78	20	0.256
图解	150	24	0.16
培训	130	19	0.147
手册	852	104	0.122
指南	373	36	0.097
实用	477	45	0.094
临床	1467	104	0.071
图谱	380	27	0.071
丛书	633	27	0.043

由表10-3可看出,词频与畅销率存在较大差异,但单纯的数字不够形象和直观,基于数据"可视化"的概念,我们绘制了柱状图和曲线图,可以看出一个词出现频率和畅销率的关系,详见图10-1。

第十章 新技术与新进展——与时俱进的能力

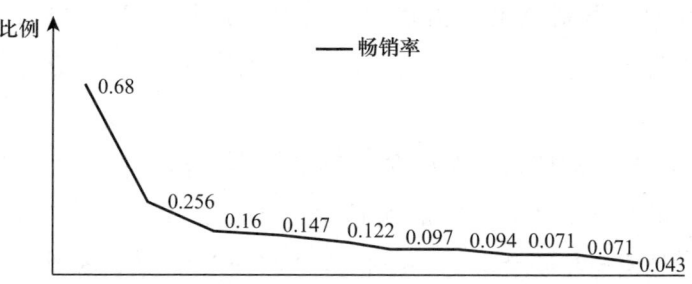

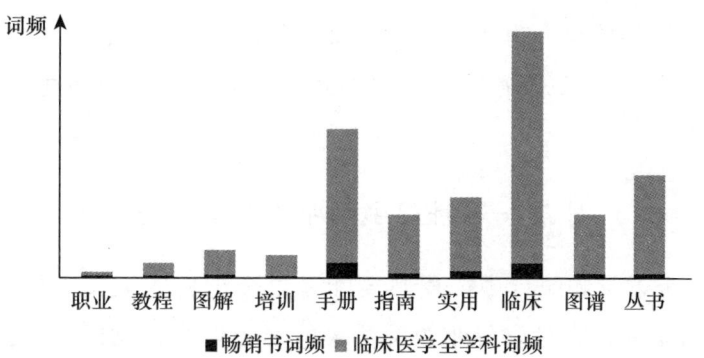

图 10-1 高频词汇畅销率与词频对比图

2. 结果分析

图 10-1 可以较为直观地感受到这些高频词汇出现畅销书的效率，"职业""教程"等词汇虽然总数量不多，但因与考试相关，关注度较高，"手册"虽然畅销书中出现的频率很高，但效率中等偏上。"丛书"的畅销效率最低，同我们以往认为的，策划单本书不如策划一套书的观念稍有差别，虽然上述结果有可能受某些未知因素的影响，但也提

示我们，策划丛书时需谨慎，有些选题可以不必刻意由单本书拆成套书，而决定运作丛书时也应投入更多精力和重视度。

另外一点值得注意的是，很多学会或出版社极力争取该学科的指南，"指南"的畅销率并不高，相较于经济价值，它的社会价值更大。另一个造成"指南"类图书畅销率不高的原因可能是，此类图书多用于学会培训或某些机构、医院的批量购书，开卷系统统计的只是实体店和网店的零售量，不是书的总销量，因此导致"指南"类图书的畅销率不高。

（二）对某一学科图书的书名进行词频分析

上述词频统计中，我们实际是以全学科的词频来模拟读者的需求，而对全行业的关注最终要投射到自己所关注的领域，与本领域的现状相结合，才能得出有价值、有指导性的结论。笔者主要关注某二级学科的选题策划，因此对该学科的在销书词频进行了统计，选取了其中某个学科在销的前500名图书进行词频统计，为了观察本学科各类图书的词频与临床医学全学科的词频是否有显著差异，以此来观察，本二级学科的哪些类别的图书是缺乏的，因此，根据我们之前选择的17个亚门类，我们将全医学学科的词频除以17，以此作为参考值，来和某二级学科的词频作对比，结果见表10-4以及图10-2。

第十章 新技术与新进展——与时俱进的能力

表 10 – 4 全学科与某二级学科词频对比

	临床医学词频/17	某二级学科词频
职业	1.470588	6
教程	4.588235	5
图解	8.823529	4
培训	7.647059	10
手册	50.11765	9
指南	21.94118	3
临床	86.29412	40
图谱	22.35294	9
丛书	37.23529	14

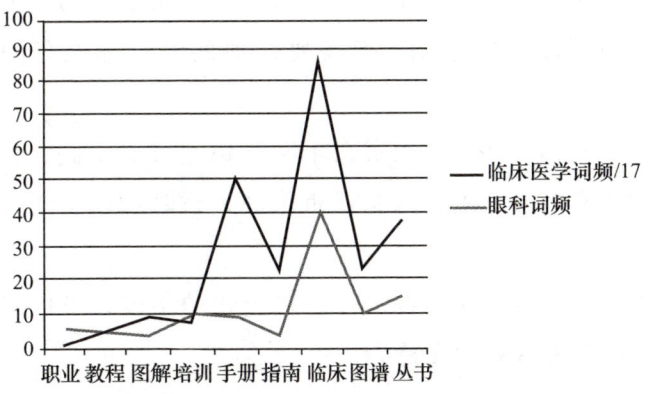

图 10 – 2 临床医学全学科与某二级学科词频对比

基于前文图 10 – 1 的结果，笔者得到以下启示：

（1）"手册"的需求量较大，同时市场占有率较高，但畅销书的效率是中等偏上。

（2）"图解"比"图谱"实现畅销的效率要高，在选题时可以适当倾斜。

(3)"丛书"的成功率不高,策划时需谨慎,要选适当的题材,且选题管理时需投入相对较多的精力。

结合图10-2分析本二级学科图书的现状,我们得到如下启示:

(1)手册类图书数量明显缺乏,虽然畅销率不高,但本学科目前还是可以加大手册的策划力度,以填补市场空白。

(2)"图谱"和"图解"的数量和全学科相比的趋势基本一致,考虑到"图解"的畅销率较高,因此对图书命名时可适当向"图解"倾斜。

(3)本学科丛书数量仍有上升空间,虽然丛书类的畅销率低,仍可以考虑策划,但需要谨慎的设计和充分的田间管理。

(4)指南、职业类图书在本学科销量排名不高,且跟全学科对比来看,有可能数量已近饱和,暂时可以不用大量投入精力。

从上述结论,我们看出,通过量化的手段,可以对选题的价值给予更客观的支持。

三、数据决策现有资源的局限性及展望

(一)现有数据资源欠缺,需要更大范围的资源共享

我们常说的"大数据分析"需要的是全体样本,出版行业缺乏一个信息量足够全面的全行业数据中心,而且由于销

售数据和某些信息是一些企业的核心竞争力，不能对外共享，因此进行数据分析时欠缺最重要的条件，即行业的全体样板。例如上述结果，限于无法得到全行业的所有销售数据，只能将开卷网上可以导出的所有信息当做全体数据，样本量偏小。另外，开卷系统统计的只是零售数据，而该系统所能检测到的所有销售数据只是全部销量的一部分，因此数据本身仍然欠全面。

上述结果中，我们用临床医学全行业的图书信息，来模拟读者需求，但这二者间实质上是有差别的，而真正能反映读者需求的指标，是搜索频次，正如谷歌公司预测甲流爆发一样，利用搜索引擎的搜索频次来判断市场上真正的需求量。但因出版行业本身没有一个涵盖足够数量医学从业人员的搜索引擎，无法拿到搜索频次的数据。因此，要实现更准确的数据决策，还需要更全面的搜索资源。随着网络资源平台的发展，可能在将来会有一个主流的网络平台，拥有足够的在线注册用户，能够提供接近全行业的信息。

（二）需要更多复合型人才及复合型团队

多数技术进步都源于需求，很多出版专业从业者对数据的认识欠缺，无法给专业的数据分析人员明确的需求导向，而具备数据分析技术的人员由于对出版工作不够了解，也很难提供针对性强的分析结果。

因此，数据决策需要更多复合型人才，或者说在思想上更具有多元性和包容性的人才。同时，整个编辑团队若能从单纯由业务编辑构成，转化为由编辑、销售、数据分析人员等多样化人员构成的复合型团队，也将更加适应行业发展和竞争的需求。

四、小结

未来的出版行业，除了人才，信息和数据也将成为各大企业的核心竞争力。更完善的数据资源、适当的资源共享以及复合型人才和团队的出现，将对出版行业的发展产生巨大的推动作用。

第二节　开放获取

数字化转型和相关技术的更新促进了开放获取的发展。开放获取的本质是向他人公开研究成果，使其更容易获得。同时，开放获取降低了杂志的准入门槛，使更多有竞争力的作品出现。更便捷、更高效的成果交流促进了科学研究和创新，有利于推动整个产业向前发展。顺应国际潮流，我国出版业也对开放获取投以了越来越多关注，例如英国医学杂志（BMJ）已与中国卒中学会（Chinese Stroke Association，CSA）合作于2016年发行一个新的开放获取杂志。

开放获取（Open Access，简称OA）是指经过同行评审的学术研究文章或图书，可以免费在线访问。开放获取的途径主要有两种：（1）"绿色"OA：在文章的"开放禁止期"

(一般医药科技文章为12个月,社科类文章为24个月)之后,可以自由在线获取;(2)"金色"OA:直接在开放获取期刊上发表。另外一种是介于两者之间的混合型形式,即开放获取的费用由作者、机构或其他出资者向杂志缴纳,叫APC[Article Publication(or Processing)Charge,可理解为文章发表费或文章公开费]。

我国已有出版社开办开放获取杂志,本节给新编辑就开放获取做一简单介绍。

(一)美国开放获取现状及发展趋势[①]

2014年开放获取占美国科技学术出版市场的1.1%,科技期刊市场的4.3%,但产生的影响很大。同时随着开放获取的发展,出现了非专业性的开放获取杂志,即Megajournal。这种非专业性开放获取杂志兴起于十年前,它不局限于某一个特殊领域,对方向和题目选择性很低,更注重科学性;投稿和审稿程序和传统杂志同样严格,但审稿和出版速度则比传统出版更快。开放获取并非仅仅存在于杂志市场,各种供研究者分享交流研究成果的平台也是开放获取的形式。

2012年美国开放获取杂志数量增长率为34%,2013年为47%,2014年为15%。分析2014年增长率降低的原因,一是由于市场对开放获取的关注度已接近饱和。另外转换模式和基础设施还不够健全,受到政策、费用、研究者和读者

---

① Outsell. Open Access 2015: Market Size, Share, Forecast, and Trends. 2015, 4.

对传统杂志影响因子的重视、资源共享的途径、相关软件设施开发等因素的影响。

（二）面临的问题和挑战[①]

1. 受传统杂志影响因子的限制

开放获取的发展，需要出版商提供更好的阅读和信息共享途径，增加研究者、读者和作者的关注度和社会认可度，以便适应新一代研究者和购买者的需求。目前在开放获取市场中，期刊影响因子的作用被弱化，但大部分作者和研究者仍然愿意向有品牌效应的国际知名杂志投稿，因为影响因子高的杂志已经有广泛的读者群和良好的品牌效应，能够使研究者获得更多关注。这是限制开放获取发展的重要因素。

2. 相关参与者的关注点不统一

开放获取市场主要参与者有出资者（主要指提供科研经费和出版经费的个人和机构）、研究者（即出版内容的提供者）、出版者、购买者。出资者希望尽快将有较高价值的研究结果出版刊登；研究者最看重的是将自己重要的研究发现刊登在有广泛读者群的、最高质量的出版物上，不管是公开的还是需要付费的；出版者希望研究结果出版在高质量、同行审稿的，但需要付费的期刊上，不论时间快慢，利益是最重要的驱动力；内容购买者希望为客户或研究者提供高质量的、

---

① Mark Ware Consulting Ltd. Evolution or revolution? Publishers' perceptions of future directions in research communications and the publisher role. 2015, 3.

负担得起的（或免费的）文章，当然速度也是一个重要的关注点。列表如下：

	出版物的影响力（影响因子）	出版速度	是否希望开放获取
出资者	关心	很关心	不关心
研究者	很关心	不关心	不关心
出版者	关心	关心	不希望
购买者	关心	比较关心	希望

3. 出版者面临的挑战

开放获取的发展、新型杂志和新型研究交流平台的出现，对出版市场产生了很大影响，在一定程度上改变了出版者的出版流程、管理模式、盈利模式以及作者在出版流程中的作用等。在传统的出版业中，出版者占主导，但随着开放获取的发展，作者和出资者的作用会越来越重要。开放获取为学术发展创造了更多机会，但也给出版者带来挑战。出版者需要做比以前更多的工作，开发新的服务和技术，同时建立更灵活、适应性更强的模式以适应不同科研模式、资助模式、合作模式的需求。

附

2015 年法兰克福书展
关于开放获取的机遇与挑战的讨论

2015 年 10 月 15 日法兰克福书展上举办了一次关于"开放获取面

临的机遇与挑战"的讨论会，来自英国、美国、法国，以及中国出版集团、北京英捷特数字出版技术有限公司的两位负责人参与了讨论，笔者将讨论的部分内容翻译摘录如下：

开放获取的前景不明确，各国出版行业的具体情况，以及东方和西方的情况都不一样。开放获取与普通期刊的运作模式不同，遇到的问题也更复杂。

很多国家不像英美，有相对较好的管理体系，因此开放获取付费比较困难，而且很多出资者不理解为什么要为此付费。在和作者合作的过程中，出版社需要为他们提供更多技术和手段，使作者开放他们的内容。

一位来自美国的参与者介绍，他通过在全世界旅行（包括拉美和中国）发现，很多国家的出版环境相对差一些。在非英语为母语的国家，大家仍然愿意向国际杂志投稿，因为这些杂志已经有广泛的读者群、品牌效应，帮助研究者获得更高关注。开放获取的本质是向其他人公开成果，使研究成果更容易获得，这样有利于推动整个产业向前发展。

一个法国开放获取平台（EDP Sciences）的负责人介绍，她在做这个平台的时候，需要和研究者、科研机构一起工作。在做这个平台的过程中他们也创立了新的杂志。但研究者们通常不知道什么是金色OA，什么是绿色OA，因此我们需要让研究者明白什么是开放获取，什么是金色和绿色OA。

开放获取有挑战但也有机会。出版者需要满足作者、机构、资助者等所有人的需求。我们需要开发新的服务、新的技术。出版业的经济体系发生变化，出版者需要做的工作比以前更多。例如由于开放获取杂志的信息是公开的，所以出版方需要筛选信息内容。

在传统的出版业中，出版者占主导，但现在随着开放获取和其他的一些转型，更多角色参与其中，特别是作者，技术方面的挑战也是一个问题。一个英国机构的负责人说,十年前出版商的客户是图书馆,而现在是作者,在未来有可能是资助者,即提供科研经费和出版经费的机构。

开放获取带来的其中一个挑战是我们不知道下一步发生什么,开放获取一直在变化,会有更多模式,人们有更多想做的事情,需要建立更灵活的、适应性强的模式去适应不同资助模式的需求,灵活性和适应性是一项工作在一开始就要考虑的。作者写的内容和同行审稿最好用同一个平台或软件,因此他们使用了Overleaf(本章第三节有介绍)。

主持人对中文杂志很好奇,对两位参与讨论的中国同行提出问题,他们认为在中国开放获取存在的问题是什么。他们的回答是:中国科研者除了在本土杂志发表文章,还在世界各地的杂志发表。因为影响因子,中国研究者喜欢投国际杂志。中国去年在科研上投入50亿人民币。中国正在关注做数字和平台,国内对开放获取已经开始关注,可能成为下一个重要研究内容。中国很大,如果平台要覆盖所有人,需要多方合作。

第三节 新型服务模式

目前我国越来越多的出版社将目光投向按需印刷,但对于出版行业,除了印刷按需化外,其他服务也会按需化。而服务模式转变是出版社与作者关系转变的体现。尽管下述某些服务短期内在我国尚缺乏可行性,但可以由此增加从业者的危机意识,或者受其启发开发更多服务内容。

(一) 在线的排版服务

Overleaf 是一个在线排版和文件生成的工具，其网站上有各种版式的模板（图10-3），包括学术期刊、学术专著、新闻等，在编写的界面上，左侧写入内容，右侧可以预览，表格、公式、图片有单独的录入格式，同时编写界面会定期自动保存内容，也可以将链接发给合著者。编写完成后可以自动生成 PDF 文档，同时还附有各类出版者的投稿链接。

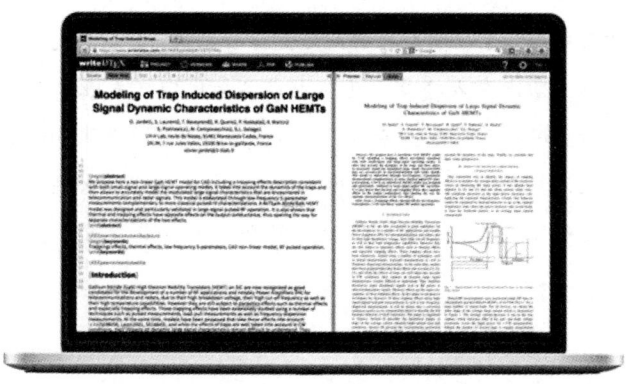

图 10-3　Overleaf 的排版界面

通过此类服务，可以使作者在正确的排版格式下编写作品，减少了交稿后的排版时间，简化了出版流程，大大提高了出版效率。类似的在线服务也有利于满足开放获取的一些需求。由于作者的编写和同行的审稿使用同一个平台或软件，某些开放获取杂志或平台也正在使用 Overleaf。国际光学摄影学会（SPIE）也在 2015 年与其签订了合作协议。

（二）针对个体出版者的服务

目前美国有一些为个体出版者服务的公司，帮助他们排版、申领书号、制作宣传材料、写宣传语、如何使书更容易被找到等。作者从依赖出版社排版出书，到有专门的排版服务网站以及针对个体作者的服务公司。因此出版社不能仅对作者提供版式设计、封面设计、印刷等传统服务，需要提高效率，使流程更简化，才能创造更多的价值。

（三）在线的版权交易服务

在2015年法兰克福书展美国版权清算协会（CCC）举办的在线研讨会上，以及美国出版相关新闻中多次看到IPR Licence平台。这是一个完全在线的全球化版权贸易平台，作者、出版商、文学机构以及其他拥有版权的机构或个人可以在线发布版权、搜索版权信息并进行交易。这一平台为会员制，向会员收取年费。IPR licence与全球包括Ingram在内的数十家公司都有合作。

（四）服务模式转变给出版企业带来的挑战

从上述服务内容可以看出，在新的出版模式下，作者对传统出版社依赖程度降低，出版社需要开展更多元化的业务，以创造更多的价值。开发新的技术，提供更个性化的服务，更好地满足作者的需求会成为关系出版企业生存发展的重要问题。

通过前文的介绍，我们看到新技术的发展带来了更多挑战。数字化、高效化的阅读方式需要更多新技术以及新产品形式；读者对出版物内容开放化、免费化获取的需求，需要新观念和新合作模式；客观化、数据化评估方式的发展，将导致新的决策方式和决策体系；多样化服务的发展，使交流更便利、竞争更激烈。上述转变归结起来都是出版社在整个出版流程中角色的转换以及与作者、研究机构关系的转变。对国际出版行业的发展趋势的了解，可以帮助从业者更深入地思考我国出版业的发展方向，同时也增加了作为从业人员的紧迫感。

第四节　虚拟现实技术的应用

虚拟现实技术（Virtual Reality，简称VR），是通过计算机、多媒体等模拟环境、感知等方面的技术。与之相关的还有增强现实（Augmented Reality，简称AR），在屏幕上把虚拟世界套在现实世界，并增加了互动和交互性。二者相结合的混合现实（Mixed Reality，MR）。

如果把 VR 和 AR 技术应用在科技出版，例如医学出版过程中，可以使用户对相关知识有更直观的感受，或者通过虚拟场景进行实际操作训练。人民卫生出版社也在尝试参与各学科相关的 VR 产品开发。主要的应用方向有：（1）对相关医学知识进行更直观地呈现，例如系统解剖学，通过 VR 技术可以更直观地表现组织关系；(2)场景模拟,例如模拟医疗工作的流程等①；(3)虚拟操作,例如模拟助产、拔牙等操作过程,可以作为医师培训的辅助工具。

但 VR 的发展受到设备及技术发展的制约,以及相关前期投入的限制,需要更多的资金投入和人力投入,例如一个与口腔医学相关的 VR 技术公司,用了 2 年时间,搜集了 3000 多个关键的数据,并作为口腔科博士研究生的博士课题,经过四个多月的研发,才形成了产品雏形。因此 VR 的发展仍然需要时间。

笔者正在参与一项眼视光 VR 实训系统的策划与开发,在工作过程中发现,产品的形式也是需要考虑的内容。例如,是把产品设计成 PC 端形式,还是使用常规 VR 设备观看。前者更易传播,后者身临其境的效果更好。

---

① 李学菊:《虚拟的美好与现实的困扰——医学数字出版中的 VR 应用探索》,载《科技与出版》2017 年第 10 期,第 12—14 页。

第四部分
法务相关

涉及中国版图的选题一定要送审
翻译图书注意©
注意肖像权
注意信息网络传播时的著作权

第十一章 法务相关案例

图书出版过程回避不开法律相关问题,本章总结了笔者遇到的一些典型问题,按照案例描述、问题、处理、注意四个方面进行总结,希望给读者一定的参考作用,增加感性认识。

案例1 中国地图

【案例描述】

有位作者的一本专著,其中某疾病的流行病学一章中,需要说明本病不同省份的发病率,作者从网络上找到了一张在平时会议交流和讨论时常用的图片,是一幅中国地图,不同省份用不同颜色的色块代表不同的发病率。

【问题】

1. 首先,本案例中使用了网络下载图片,因网络图片来源不明,因此不能使用。

2. 本案例中使用了中国地图,咨询地图出版的专业人士,所有涉及中国地图的图片,均应送国家测绘地理信息局

（简称"测绘局"）审，不可直接使用。

【处理】

测绘局网站也有中国及世界地图服务，可以下载标准地图。但本图原始图片来源不明，即使根据在测绘局网站下载的标准地图重新绘制，因原图中资料和数据的准确性无法保证，送审时无法过审，因此本书中删除此图。

【注意】

涉及类似疾病发病率的问题，在最初作图时，即用测绘局网站上的标准地图绘制，并及时送审，注意留存审核通过后的相关文件资料。

案例2　英文书版权

【案例描述】

某专家希望翻译一本英文专著，已征求原作者意见，原作者同意该专家翻译，于是该专家联络了多位相关专业专家，准备开始翻译工作，并分配了任务，同时联系了人民卫生出版社，拟在人民卫生出版社翻译出版。我们随即联系版权编辑，查询图书版权，发现本书版权已卖出，出版社已同另一译者签订了委托翻译合同。

【问题】

1. 出版合同分很多种，包括图书出版合同、委托出版合同等，本案例中原作者同原出版社签订的合同属于委托合同，版权在出版社，出版社可直接进行版权贸易。

2. 本案例中的专家只联系了原作者，并未联系原出版社，同时也未同原作者确认本书版权归属。

3. 本案例中的专家未先联系国内出版社确认版权，即开始组织专家着手编写。

【处理】

向专家解释版权问题，提示其今后有意翻译时，先确认图书版权归属。

【注意】

1. 准备翻译图书时，应注意图书版权页的©信息，©后即版权人，可以明确本书版权归出版社还是原作者，如图 11-1。

```
ISBN 978-981-10-2626-3        ISBN 978-981-10-2627-0 (eBook)
DOI 10.1007/978-981-10-2627-0

Library of Congress Control Number: 2016960535

© Springer Science+Business Media Singapore 2017
This work is subject to copyright. All rights are reserved by the Publisher, whether the whole or
part of the material is concerned, specifically the rights of translation, reprinting, reuse of
illustrations, recitation, broadcasting, reproduction on microfilms or in any other physical way,
and transmission or information storage and retrieval, electronic adaptation, computer software,
or by similar or dissimilar methodology now known or hereafter developed.
The use of general descriptive names, registered names, trademarks, service marks, etc. in this
publication does not imply, even in the absence of a specific statement, that such names are
exempt from the relevant protective laws and regulations and therefore free for general use.
The publisher, the authors and the editors are safe to assume that the advice and information in
this book are believed to be true and accurate at the date of publication. Neither the publisher nor
the authors or the editors give a warranty, express or implied, with respect to the material
contained herein or for any errors or omissions that may have been made.

Printed on acid-free paper

This Springer imprint is published by Springer Nature
The registered company is Springer Nature Singapore Pte Ltd.
The registered company address 152 Beach Road,
#22-06/08 Gateway East, Singapore 189721, Singapore
```

图 11-1　如图中下划线所示，本书中著作权归 Springer 出版社，主编不能直接进行版权交易

2．确认版权人后，再同其联络相关翻译事宜。

3．提前咨询相关版权编辑，确定相关事宜，例如版权购买费用等。

案例3　肖像权

例1　常规肖像权问题

【案例描述】

某描述眼镜的专著，作者要说明不同脸型和不同款式眼镜框的匹配问题，找来了十几位学生，佩戴不同眼镜框拍照，说明相关问题。

【问题】

1．本案例涉及肖像权，不能直接将他人肖像用于书中。

2．本案例图中有不同款式的眼镜框，需注意商标遮盖，避免软广告。

【处理】

1．方法1：请相关同学出具书面授权，需要强调的是，授权一定要是书面形式。

2．方法2：将照片图改绘为示意图，既可以避免肖像权，又可以避免显示眼镜框商标。

【注意】

书中涉及人像时，应提前取得书面授权，或改绘成示意图。

例2 领导人肖像

【案例描述】

某作者的书中,引用了时任国家领导人的一张图片,以说明国家对某问题的重视。

【问题】

1. 图片涉及国家领导人,如未经发表,需作为重大选题送相关部门审。

2. 本案例引用的是公开报道的图片,虽不需要送审,但需要照片原作者授权。

【处理】

作者向照片原作者取得了书面授权,编辑在相关媒体的官方网站上查到了该图,核实了本图确实已经公开报导。

【注意】

1. 本案例不算是合理引用。虽然《著作权法》中提到"为报道时事新闻,在报纸、期刊、广播电台、电视台等媒体中不可避免地再现或者引用已经发表的作品……"可以不经著作权人许可,不向其支付报酬,但应当指明作者姓名、作品名称,并且不得侵犯著作权人依照本法享有的其他权利的情况下使用。但本案例不属于"报道",而是专著中引用,因此仍然需要原作者授权。

2. 涉及领导人肖像时应格外注意,及时咨询相关部门,避免法律问题。

案例 4　信息网络传播

【案例描述】

某公众号用了人民卫生出版社出版的图书中的内容，在其平台发布。

【问题】

该公众号未经出版社和作者授权，属于侵权行为。

【处理】

人民卫生出版社法务部向该公众号发送正式律师函，经沟通后该公众号将相关内容删除。

【注意】

1. 数字化出版物的版权：所有保护非数字资源内容的也同样保护数字化形式的内容。

2. 书中内容在公众号上使用，也要取得授权。

3. 公众号上的内容不是出版物，即使注明不得转载，理论上也是不受著作权法保护的。

案例 5　图片出版后再使用

【案例描述】

某作者有意在人民卫生出版社出版一部学术专著，但其中部分图片已用于论文发表。

【问题】

已公开发表或出版的内容均涉及著作权问题。需要查询文章发表前与杂志签署的协议，是否已将文章内容转移给杂志社，是否需要杂志社授权本图片在其他出版物上使用。

【处理】

作者重新拍摄了新的图片用于图书出版。

【注意】

1．已公开发表或出版的内容均涉及著作权问题，再次使用时需注意是否需要取得出版者的授权。

2．提醒作者，今后在搜集相关资料时，可就同一问题拍摄不同图片，以满足文章发表和图书出版的需求。

附录　出版相关词汇整理

版税 royalty

库存 inventory

版式 layout，formats

编辑排版 copyediting and typesetting

重印 reprint

回执 receipt

参考书 reference book

学术专著 scholary book

教材 text book

按需印刷 print on demand，POD

文稿 manuscript

排版人员 compositor（负责版式和简单的校对，联系作者看清样）

营销 marketing

图片分辨率 resolution

订单 order

合同 contract

清样，校样 proof

批发商，经销商 distributor

销售人员 salesman

责任编辑 executive editor

电子稿 electronic files

医学教材 medical textbooks

参考书 clinical references

医学科普书 patient education books

封面 cover

书名 book half title（虽然叫 half，但是意思是完整书名）

编委名单 contributor list

文前内容 front matter

文字 text

图注 figure legend

照片图 photo

线条图 line drawing

表格 table

参考文献 reference

索引 index

索 引

B

版权　154

版式　89

编写会议　16

C

策加一体　11

插图　41

成本　125

出版流程　31

词频统计　132

D

代表手册　93

调研函　85

定稿会议 17

F

法务 119

G

个体出版者 147

工具书 40

H

会议通知 92

J

继续教育 103

加工编辑 10

加密U盘 76

教材 57

经销商 120

K

开本 87

M

目录 86

P

培训班 103

Q

签售 100
签赠 100

S

生产厂商 118
实用 27
手册 27

W

网络传播 158
微信 105
文字编辑 40

X

肖像权 156
销售 119
修订 69
学 27
学术专著 58

Y

样稿　86

盈利　125

预算　92

Z

在线的排版服务　146

展台　101

中国地图　153

主动策划　24

助手　117

装订　87

总编室　12

作者　117

作者投稿　24

座谈　85

后　记

决定要写书后，我开始将之前发表的文章，和随手总结的经验和体会收集整理、提纲挈领，先确定全书的读者对象和基调，再整理出目录，而后进一步充实内容。整个过程从初春到初秋，终于在产后一年完成了初稿。书稿基本完成后，我发现，不仅自己的工作经验和体会得到了梳理和升华，还起到了产后尽快恢复思维能力的作用，也算是一举两得。

写完初稿后，继续丰富书中内容，考虑到选题策划时会让作者尽可能增加图片，以提高图书可读性，因此后期我又增加了图片，给新编辑们增加些感性认识。我发现我们对作者的交稿要求，即正文标注图号，不插入图片，单独设立一个图文件夹，将图片同正文图号对应命名，确实是最不容易出错的方法。

书稿完成之后，我发现自己还有另一个收获。为了可以使书的读者人群扩大些，而不局限于科技类图书编辑，我需要让自己跳出已有的思维框框，从更广泛的角度来思考问题，使我的视角更开阔。

总之，写书这段经历很有趣，也很有收获，希望在自己获益的同时，也能帮到其他人。

希望**刚入行的编辑**看看这本书，它会让你对今后的工作有一个大体印象，并给你一个基本的工作指导，在你刚进入一个新行业，无所适从的时候，能找到一个最基础的参考资料。

希望在考虑**是否要从事编辑行业**的年轻人看看这本书，这个行业并不像外界认为的那么轻松。如果进入这个行业，您将要面对书中提到的所有问题，充满挑战；如果您有信心面对这些问题，迎接这些挑战，欢迎您成为我们的同行；如果您最终决定不从事编辑行业，本书中的某些内容，比如第一章"可交付"的建议，以及相关章节对沟通的建议、举办相关会议的流程和注意事项等，对您今后的职场生涯也会有些帮助。

希望**作者们**有机会看看这本书，您的编辑并没有您想象的那么轻松，他们要处理诸多繁琐的事务，为了提高您书稿的出版质量，让更多的读者看到这本书，他们做了不少的努力，您的编辑希望和您齐心协力出版一本好书。

最后要谢谢中央编译出版社，愿意接收我的书稿，让我上述这些愿望有机会得以实现。也期待自己更好的作品。

图书在版编目（CIP）数据

新编辑实用入门手册 / 李海凌编著. —北京：中央编译出版社，2018.8
ISBN 978-7-5117-3594-2

Ⅰ.①新… Ⅱ.①李… Ⅲ.①编辑工作－手册 Ⅳ.①G232-62

中国版本图书馆 CIP 数据核字（2018）第 157461 号

新编辑实用入门手册

出 版 人：葛海彦
出版统筹：贾宇琰
责任编辑：李媛媛
责任印制：刘　慧
出版发行：中央编译出版社
地　　址：北京西城区车公庄大街乙 5 号鸿儒大厦 B 座（100044）
电　　话：（010）52612345（总编室）　　（010）52612341（编辑室）
　　　　　（010）52612316（发行部）　　（010）52612346（馆配部）
传　　真：（010）66515838
经　　销：全国新华书店
印　　刷：北京紫瑞利印刷有限公司
开　　本：880 毫米×1230 毫米　1/32
字　　数：112 千字
印　　张：5.625
版　　次：2018 年 8 月第 1 版
印　　次：2018 年 8 月第 1 次印刷
定　　价：35.00 元

网　　址：www.cctphome.com　　　邮　箱：cctp@cctphome.com
新浪微博：@中央编译出版社
微　　信：中央编译出版社（ID: cctphome）
淘宝店铺：中央编译出版社直销店（http://shop108367160.taobao.com）
　　　　　（010）55626985

本社常年法律顾问：北京市吴栾赵阎律师事务所律师　闫军　梁勤
凡有印装质量问题，本社负责调换，电话：（010）55626985